# 인공지능, 영혼의 존재

## 인공지능총서

인공지능 시대입니다. 기계가 인간의 인지를 대신하고, 사물이 인간을 통하지 않고 다른 사물과 직접 커뮤니케이션합니다. 이에 따른 인간 삶과 문명 변화를 정확히 이해 · 예측 · 대응하는 것은 이 시대 우리 모두의 과제입니다. 인공지능총서는 인공지능 기술과 환경의 여러 주제를 10가지 키워드로 정리합니다. 관련 개념과 이론, 학계와 산업계의 쟁점, 우리 일상의 변화를 다룹니다. 인간과 기술의 현재, 미래를 세심히 분석합니다.

## 일러두기

- 인명, 작품명, 저서명, 개념어 등은 한글과 함께 괄호 안에 해당 국가의 원어를 병기했습니다.
- 외래어 표기는 현행 어문규정의 외래어표기법을 따랐습니다.

# 인공지능, 영혼의 존재

박욱주

대한민국, 서울, 커뮤니케이션북스, 2025

# 인공지능, 영혼의 존재

지은이 박욱주
펴낸이 박영률

초판 1쇄 펴낸날 2025년 4월 4일

커뮤니케이션북스(주)
출판 등록 2007년 8월 17일 제313-2007-000166호
02880 서울시 성북구 성북로 5-11
전화(02) 7474 001, 팩스(02) 736 5047
commbooks@commbooks.com
www.commbooks.com



ISBN 979-11-7307-680-0 03500

책값은 뒤표지에 표시되어 있습니다.

# 차례

# 영혼으로 진화한 인공지능

2004년 개봉 영화 '아이, 로봇'(I, Robot)에는 다음과 같은 대사가 나온다. "인간 인식의 복제체(cognitive simulacra)는 언젠가 실제 인간의 정신(psyche) 구성 모형에 근접할지도 모른다." 인공지능이 인간에 준하는 고등한 존재로 진화할 것이라 예견하는 이 대사 가운데서 특별히 '정신'이라는 말에 주목해 볼 필요가 있다. 오늘날 통상 '정신'으로 번역되는 영단어 '사이키(psyche)'는 고대 그리스에서 '영혼'이라는 뜻으로 통용되던 단어 '프시케'(ψυχή, psyche)를 그 어원으로 삼는다. 이 단어는 '숨을 내쉬다,' '호흡하다'라는 뜻의 동사 '프시코'(ψύχω, psycho)로부터 유래한 말이다(Cavarero, 2005: 66).

어원상으로 따져 보면 서구인들의 인간 이해 가운데서 영혼이라는 개념은 원래 인간을 비롯한 모든 생명체의 생기(生氣)와 직결된 의미를 갖고 있다(Walshe, 2016: 121). 생명체가 숨쉬고 성장하며 번성하도록 하는 힘, 더 나아가 주위 세계를 인지하고 합리적으로 사고하고 판단할 수 있게 하는 생명력, 이것이 오랜 세월(적어도 칸트 선험론 정립 이전까지) 서구인들이 영혼에 대해 갖고 있던 생각이었다. 물론 이 영혼은 단순히 육체의 생명을 존속하게 하는 힘으로만 여겨지지는 않았다. 그리스도교 전파 이전에도 이미 그리스와 로마의 신화 체계 내에서, 그리고 소크라테스(Σωκράτης, Sokrates)와 플라톤(Πλάτων, Platon)의 사유 속에서 영혼이란 육신의 죽음 이후에도 영원히 생전의 의식을 보존한 채 존속하는 초월적 실재로 인식되곤 했다(Lye, 2024: 212). 중간에 아리스토텔레스(Ἀριστοτέλης, Aristoteles)가 육체와 영혼의 공존을 주장하면서, 그리고 에피쿠로스학파가 내세의 허구성을 역설하면서 일각에서는 영혼의 사후 존속에 대한 믿음을 포기하는 이들도 등장했다. 그러나 서구 사상사 및 문화사 전체에 걸쳐 서구인들 대다수는 영혼이 유한한 육신의 기한을 넘어서는 불멸의 존재라는 생각을 굳게 붙들었다. 여기에는 훗날 전파된 그리스도교 신앙의 영향력이 절대적인 힘을 발휘했다.

이런 전통적인 영혼 이해를 반영하듯, 2012년 개봉한 영화 〈프로메테우스(Prometheus)〉에는 인공지능의 영성(靈性, spirituality)에 대해 〈아이, 로봇(I, Robot)〉에서 확인되는 것과는 전혀 다른 이해 방식을 보여 주는 대사가 나온다. "데이빗(AI 휴머노이드)은 내겐 아들 같은 존재요. 유감스럽게도 사람이 아니라서… 그가 절대로 가질 수 없는 것이 하나 있소. 바로 영혼(a soul)이죠." 인공지능은 절대 인간의 영혼을 가질 수 없다는 생각, 인간과 인공지능의 넘어설 수 없는 존재적 격차에 대한 이런 확신은 오늘날 인공일반지능(artificial general intelligence, AGI) 개발 가능성을 둘러싼 여러 논쟁에 여전하게 관여하고 있다. 다만 우리가 보기에는 그 논쟁 형태가 철학, 심리학, 신경과학, 혹은 컴퓨터공학 방면으로 전문화되어 있기에 마치 고전적인 영혼 개념이 배제된 것처럼 느껴질 뿐이다.

오늘날 인공지능의 개발 이념 이면에는 과거 서구인들 사이에 통용되던 영혼에 대한 다양한 생각들이 집약적으로 반영되어 있다. 이 생각들을 살펴보는 일은 향후 인공지능 개발 방향을 전망해 보는 일에, 특히 인공지능 휴머노이드 개발 방향을 가늠해 보는 데 도움을 줄 것이다. 본서는 이러한 동기를 가지고 인공지능의 영성과 인격성에 대한 인식 변화를 검토하는 데 초점을 맞춘다. 그 과정에서 인간 영혼에 대한 서구인들의 다채로운 관점을 살필 뿐 아니라 동아시아 로봇공학 및 휴머노이드 개발의 선도국 일본의 전통적 영혼 관념도 들여다볼 것이다.

본서의 논의 가운데는 대중문화 캐릭터나 작품 설정이 레퍼런스로 여럿 등장한다. 이는 영혼과 인공지능에 관한 추상적이고 이론적인 사유와 견해를 독자들이 더 쉽게 이해할 수 있게 하려는 의도를 담고 있다. 논의의 무게감과 진지함을 약간이나마 떨어뜨릴 우려가 있지만 독자들의 직관적인 이해를 돕기 위한 결정이었다는 점을 이해해 주기 바란다. 지금까지 개발된 인공지능 기술은 인공지능 연구자들의 높은 목표와 이상에 비해 그 성숙도가 결코 높다고 볼 수 없다. 반면 대중문화 업계는 아직 실제적으로 구현되지 못한 미래 인공지능 기술의 모습을 면밀하게 예견해서 묘사하고 있다. 대중문화 속 미래 인공지능 기술의 이미지는 비록 창작자의 공상이 많이 가미되어 있기는 하지만 현재 인공지능 연구자들과 대중이 이 기술에 대해 바라고 기대하는 점, 혹은 우려하는 점을 명료하게 파악할 수 있게 해 준다. 따라서 본서는 여러 대중문화 콘텐츠에 등장하는 캐릭터와 서사 설정을 인공지능 기술의 미래 발전상을 예측해 보는 사유의 직관적 단서로 삼아 논의를 진행한다.

## 구성

본서는 총 10개 장으로 구성되어 있는데 크게 보면 전반부와 후반부 두 부분으로 나눌 수 있다. 전반부(1~5장)에서는 서구 영혼론과 인공지능학에 직결된 두 가지 사상사적 흐름을 되짚어 본다. 하나는 인간의 영혼이 갖는 의미가 초월적이고 형이상학적인 실재에서 물리적이고 기능적인 지성의 힘으로 축소되어 가는 과정이고, 다른 하나는 인간의 영혼에 대한 여러 고전적 사상들이 인공지능 기술 탄생의 밑바탕을 마련해 준 과정이다. 1장부터 4장까지 기술한 내용은 현대 인공지능 기술과 직접적으로 연결된 것은 아니지만 인공지능과 영혼 개념의 결속 이면의 동기와 사상적 근거를 파악하기 위해 반드시 짚고 넘어가야 하는 내용이다. 인공지능 기술에 대한 직접적 고찰과 논의에 관심을 가진 독자들에게는 다소 긴 배경 설명처럼 느껴질 수 있는 부분인 만큼 미리 양해를 구하는 바다. 5장부터는 인공지능 초기 개발 역사를 개괄하면서 본격적으로 인공지능과 영혼 개념의 결속에 대한 논의를 시작한다.

장별로 보자면 1장, "코다마와 엔트: 만물에 깃든 신"에서는 고대 유럽과 일본의 종교적 세계관을 대표하는 애니미즘(animism), 즉 물활론(物活論) 입장에서 영혼 개념이 인간 외의 생명체와 사물에게 어떤 방식으로 결속되어 있는지 살펴본다. 이를 위해 북유럽 애니미즘을 계승한 대중문화 캐릭터 엔트(Ent), 그리고 일본 애니미즘을 대표하는 대중문화 캐릭터 가운데 하나인 코다마(木靈)의 문화적, 종교적 기원을 추적해 본다. 이 두 캐릭터에 반영되어 있는 애니미즘의 평등사상, 즉 인간과 생명체, 그리고 사물의 영적인 평등함과 조화를 추구하는 종교적 세계관을 파악한 다음 그것이 인공지능에 대한 현대인의 인식에 미치는 영향에 대해 간략하게 짚어 본다.

2장, "모르페와 프시케: 생명과 생각을 주는 영혼"에서는 고대 서구인들의 영혼론을 철학적으로 집대성한 플라톤과 아리스토텔레스의 영혼에 대한 사유를 개괄적으로 검토한다. 이를 위해 그리스 신화의 애니미즘을 정교하게 철학화한 플라톤의 형상 이론을 살펴보고 이를 다시 생물학적으로 재구성한 아리스토텔레스의 영혼론 형성 과정과 그 사유 동기를 되짚어 본다. 여기서 가장 중요하게 다뤄지는 사안은 인간의 영혼에 대한 고대 서구인들의 담론에서 지성이 차지하는 위상이다. 플라톤과 아리스토텔레스 모두 인간 영혼의 핵심 속성으로 합리적으로 사고할 수 있는 지성의 힘을 지목한다. 그리고 지성을 인간됨의 절대적 조건으로 내세우는 이 주지주의적(intellectualist) 인간 이해는 20세기에 이르기까지 서구인들의 마음에 절대적인 지배력을 행사했다. 인공지능 창조의 열망은 바로 이런 사상적 분위기 속에서 고취되었다는 사실을 2장에서 짚어 본다.

3장, "코기토와 갈대: 합리와 비합리 사이의 영혼"에서는 르네 데카르트(René Descartes)와 블레즈 파스칼(Blaise Pascal)의 인간 지성과 영혼에 대한 견해의 차이를 짚어 보고 과학혁명에 접어들 무렵 유럽에서 일어난 영혼론의 중대한 변화를 살펴보는 데 주력한다. 데카르트 편으로는 방법적 회의와 사고하는 실체(res cogitans), 즉 코기토(cogito)에 대한 이론이 근대 서구 영혼론의 무게중심을 영성이 아닌 의식으로 이전시켜 놓게 된 연유를 묻는다. 한편 파스칼 편으로는 인간이 지성과 심정(心情, le coeur)의 조화 속에 살아가는 영적 존재라는 생각의 연원을 추적한다. 보다 구체적으로는 파스칼이 인간됨의 기본 정의로 제시한 "생각하는 갈대(un roseau pensant)"의 의미를 헤아려 파스칼이 영혼 개념과 합리적 사고 능력을 분리하는 인간 이해 방식을 제안한 선구적 사상가임을 해명한다. 데카르트와 파스칼, 양측의 인간 이해에서 확인되는 견해의 차이는 인공지능 연구에서 지성을 넘어서는 전인적 인격의 구현 시도가 왜 중요한지 알려 주는 단서가 된다.

4장, "말하는 우상과 오토마타: 생명을 담은 인형의 금기"에서는 과학혁명기 자연과학자들의 뒤를 이어 서구 지성사를 주도한 계몽주의자들의 영혼론을 아이작 뉴턴(Isaac Newton)의 연금술과 자크 드 보캉송(Jacques de Vaucanson)의 오토마타(automata) 제작 의도를 중심으로 살펴본다. 그리고 보캉송을 비롯한 근대 계몽주의자들의 영혼론이 그리스도교 영혼론을 전복하기 위해 인간 영혼을 육체의 작동 원리로 환원한 처사가 지닌 함의를 생각해 본다. 뉴턴의 연금술은 영혼을 물질의 물리적 원리로 규정하는 데 이바지했고 보캉송의 오토마타는 인간 영혼을 인간 신체의 물리적 원리로 재정의하는 데 기여했다. 이렇게 영혼을 물질의 존재 및 작동 원리로 축약해서 정의하는 일련의 시도들은 그리스도교 영혼론의 근간을 이루는 초월적 영성이라는 요인을 배제하고 성서에서 경고한 "말하는 우상"(요한계시록 13:15) 제작이라는 금기에 도전하려는 의도를 담고 있었다. 뉴턴을 비롯한 근대 초기의 연금술사들, 그리고 보캉송의 사상과 도전은 오늘날 특이점주의나 트랜스휴머니즘을 추종하는 이들에게 훨씬 더 복잡하고 발전적인 형태로 계승되었다.

5장, "튜링과 다트머스: 모든 것이 가능한 기계"에서는 앨런 튜링(Alan Turing)의 튜링 기계(Turing machine)와 다트머스 인공지능 컨퍼런스(Dartmouth AI Conference)의 인공지능 개념이 처음 고안된 배경과 경과를 살피고 이 참신한 개념들에 얽힌 인간 인격의 새로운 정의 방식인 물리적 기호체계 가설의 핵심 주장에 대해 살펴본다. 튜링은 2차 세계대전 중 독일군의 에니그마(Enigma) 암호 해독에 전념하면서 튜링 기계 개념을 만능 튜링 기계(universal Turing machine)로 발전시키고 '이미테이션 게임(imitation game)'이라는 사고 실험을 고안한다. 튜링은 이른 나이에 비극적으로 생을 마감했지만 그의 튜링 기계 이론과 이 이론에 반영된 인간 인격에 대한 기계적 이해 방식은 이 분야에 관심을 가지고 있던 미국의 수학자들에게 큰 영감을 주게 된다. 이들은 1956년 다트머스 대학에서 열린 인공지능 컨퍼런스를 통해 인공지능이라는 용어를 고안하고 물리적 기호 체계 가설에 입각해서 인간의 지능을 온전하게 구현하는 연구에 매진한다. 튜링과 다트머스 인공지능 컨퍼런스 참여 연구자들의 시도는 이후 수많은 난관을 겪고 좌절되었다. 하지만 그 덕분에 우리는 인간의 온전한 지능, 온전한 인격이라는 것이 이미테이션 게임을 통과하는 것만으로는 구현될 수 없다는 것을 깨달을 수 있었다. 이로써 근대 초기 이후 계속해서 축소되기만 했던 영혼과 인격 개념의 의미 범위가 다시금 확장되어야 할 필요성을 인공지능 연구자들이 절감하게 되었다.

다음으로 본서 후반부(6~10장)에서는 현대 인공지능학의 기술적 발전 과정 가운데 엿보이는 인간의 인격과 영혼에 대한 이해 방식의 변화에 대해 고찰한다. 후반부에서도 전반부와 마찬가지로 서구 영혼론과 인공지능학에 직결된 두 가지 사상사적 흐름을 되짚어 본다. 하나는 인간의 영혼이 갖는 의미가 단순히 물리적이고 기능적인 지성의 힘에서 재차 초월성을 갖는 영적 실재로 확장되어 가는 미래상이고, 다른 하나는 인간 인격과 인공지능의 긴밀한 상호작용 혹은 융합을 통해 인간 영혼(혹은 인격)과 인공지능의 경계선이 점점 흐려지는 미래 인공지능 연구 추세다.

6장, “아톰과 마징가 Z: 공생공존의 알레고리”에서는 일본 애니메이션의 유명 로봇 캐릭터 아톰과 마징가 Z의 특성들을 살펴보면서 서구인들과는 사뭇 다른 현대 일본인들의 인공지능과 휴머노이드에 대한 인식을 살펴본다. 현대 일본인들 대다수는 여전히 오랫동안 전해 내려오는 신토의 애니미즘 사상에 크든 작든 영향을 받고 있다. 그래서 일본인들은 애초 인공지능 개념이 일본에 소개될 때부터 물리적 기호 체계 가설과는 전혀 상관없는, 감성과 감정이 완벽하게 살아 있는 '인간적인' 로봇을 떠올렸다. 현재 일본의 인공지능 기술은 일본 내의 여러 사정과 제약으로 인해 일본 로봇공학에 비해 많이 뒤처져 있다. 하지만 일본의 인공지능 및 로봇 연구자들은 그 부족한 수준의 기술을 가지고도 그들의 이상인 혼을 가진 로봇 연구에 힘을 들이고 있다. 이는 향후 일본 인공지능 기술의 소프트파워를 강화할 수 있는 강점으로 작용할 공산이 크다.

7장, "터미네이터와 메간: 적자생존의 알레고리"에서는 미국 대중문화에서 인간에게 적대적인 인공지능을 대표하는 캐릭터 터미네이터와 결함 있는 인공지능을 묘사한 캐릭터 메간을 둘러싼 서사와 설정을 살펴보면서 현재 인공지능 연구자들과 대중이 왜 인공지능의 근본적 결함에 대해 우려하는지 알아본다. 두 차례에 걸친 인공지능의 겨울(AI winter)은 물리적 기호 체계 가설 중심의 인공지능 연구가 인간 인격에 대한 이해에 심각한 약점을 가지고 있다는 사실을 미국 사회 전반에 알려 주었다. 이에 인간 인격에 대한 환원적이고 협소한 개념 규정을 포기하지 않으면 기능적으로든 윤리적으로든 결함투성이의 인공지능을 개발할 수밖에 없다는 것을 연구자들과 대중 모두 알아차리게 되었다. 제프리 힌턴(Geoffrey Hinton)의 심층학습(deep learning) 기술은 인공지능의 기능적 역량을 크게 올려 주기는 했지만 여전히 충분하게 '인간적인' 지성과 인격을 구현하기에는 많이 부족하다는 데에 많은 이들이 공감하고 있다. 소수의 인공지능 연구자들이 성급하게 만능 튜링 머신이나 인공일반지능 개발 가능성을 확신하는 사이, 신중하게 인공지능 개발 추세를 바라보는 인공지능학 혹은 인문학 연구자들은 먼저 인공지능을 통해 구현하고자 하는 온전한 인격과 인간됨의 조건들을 새롭게 확장해서 사유해야 한다고 지적한다.

8장, "챗봇과 섹스봇: 마음과 몸의 새로운 동반자"에서는 최근 챗GPT를 통해 인공지능 기술 발전의 핵으로 떠오른 트랜스포머 모델 기반 챗봇(chatbot), 그리고 인공지능 기술의 힘으로 새로운 경지로 진화하고 있는 인공지능 리얼돌, 이른바 섹스봇(sexbot)의 특징을 살펴보면서 인간과 인공지능의 정서적, 감정적, 육체적 상호작용을 통해 인공지능의 새로운 진화 방향성을 모색하는 관련 연구자들과 업계의 분위기를 기술한다. 챗봇과 섹스봇의 특징은 이들과 상호작용하는 인간의 자발적 감정이입을 유도해서 그 기계적, 비인간적 측면들은 은폐하고 인간적 면모만을 강렬하게 부각시킨다는 점이다. 이로 인해 챗봇이나 섹스봇 사용자는 미성숙한 기술을 바탕으로 구현된 불완전한 가상의 인격에 감정적으로 과도하게 의존하고 집착하게 될지도 모른다. 하지만 그와 별도로 인공지능 연구자 입장에서는 더욱 인간적인 챗봇과 섹스봇을 개발하려는 노력 덕분에 인공지능 기술의 최종 지향점인 온전한 인간 인격 구현을 위한 사유의 깊이와 폭을 넓힐 수 있다. 또한 더 온전한 성능의 챗봇과 섹스봇을 개발하려는 열의는 인간과 인공지능의 조화로운 공존 방향성에 대한 인공지능 연구자들의 고민과 반성을 촉진하는 계기가 될 수도 있다.

9장, "에코와 플린트: 흉내 내기의 화신"에서는 그리스 신화에 등장하는 님프 에코(Ἠχώ, Ekho)의 이야기와 19세기 영국 소설 『보물섬』에 등장하는 앵무새 플린트(Flint)의 설정을 중심으로 현재까지 개발된 인공지능 전체가 의식과 지능이 결여된 자율성을 갖고 있다는 사실을 짚어 보고 이 자율성이 인간의 도덕 의지와 윤리적 삶을 모방, 구현하는 데서 갖는 가능성과 한계를 헤아려 본다. 여기서 주목해야 할 사안은 심층학습 기술 덕분에 인공지능 기술 발전과 혁신이 대단히 빠른 속도로 진행되고 있지만 인공지능이 발휘하는 자율성의 협소함과 유연성 부족으로 인해 프레임 문제(frame problem)의 극복이 아직 이루어지지 않고 있다는 점이다. 인간 인격은 생존욕과 자기애의 굴레를 극복할 힘을 갖는다는 점에서 초월의 속성을 갖고 있다. 따라서 인공지능이 진정으로 인간적인 지성과 의식을 가지려면 이런 초월의 속성을 기술적으로 구현할 수 있는 수준에 도달해야 한다. 현재는 이렇게 높은 수준의 기술 혁신을 달성하기 위한 연구 방향성조차 제대로 설정하지 못한 상태다. 하지만 적어도 인공지능 연구자들이 인공지능 기술 발전의 목표를 그 높은 지경에 두고 있는 한 인간 인격이 가진 도덕적 초월성에 대한 이해의 범위는 더욱 넓고 깊어질 것이다.

마지막 10장, "고스트와 마기: 진화 혹은 초월의 기계"에서는 일본 애니메이션의 대표 인공지능 캐릭터 고스트(Ghost)와 마기(MAGI)의 서사 및 설정을 살펴보면서 먼 미래를 향한 인공지능 기술의 진화 방향이 마인드 업로딩(mind uploading)과 초지능(superintelligence) 개발로 정향되어 있다는 것을 밝히고 이것이 인간과 인공지능의 영혼 개념을 새롭게 파악하는 데서 핵심 논제가 된다는 점을 지적한다. 인간의 인격을 인공지능 컴퓨터에 담아 보존하고 활성화하는 마인드 업로딩 기술에 대한 상상은 인간 신체의 물리적 한계를 뛰어넘어 영속적으로 존재하는 고전적 영혼 개념을 기술적 개념으로 되살려 냈다. 또한 마인드 업로딩을 거친 인간 인격과 초지능의 직접적인 네트워크 연결에 대한 미래 전망은 인간 영혼을 신의 반열로 격상시키는 영혼의 진화에 대한 열망을 허황된 공상이 아닌 개연성 있는 바람처럼 여겨지게 만든다. 과거 과학기술 발전은 인간됨의 조건으로부터 영성과 신비를 배제하는 요인이었는데, 인공지능 기술의 발전은 오히려 영성과 신비를 인간됨의 새로운 요소로 포함시키는 계기로 작용하고 있다. 인공지능 기술과 뇌신경과학, 전자공학, 생명공학 발전에 힘입어 탄생한 트랜스휴머니즘의 이상은 현재로서 그 실현 가능성조차 가늠하기 어렵지만 인공지능 기술의 혁신적 발전을 위해서는 인간의 영혼 개념이 새롭게 되살아나고 발전적으로 재정의되어야 한다는 것을 우리에게 알려 준다.

본서의 구성 전체를 다시 한번 간략하게 요약하자면 전반부를 구성하는 1~5장에서는 과거 과학기술 발전과 함께 인간의 영혼에 대한 이해의 폭이 갈수록 물리주의(physicalism)에 가깝게 축소되는 시기가 있었다는 사실을 보여 준다. 고대의 종교적 애니미즘, 그리스 철학, 그리스도교 신학은 인간의 영혼에 지성뿐만 아니라 신비, 영성, 초월의 속성까지 부여했지만 근대 초기부터 가속화된 인류의 자연과학 발전은 인간의 영혼으로부터 신비, 영성, 초월의 속성을 제거하고 영혼을 단지 인간 신체의 물리적 작동 원리나 수학적-논리적 사유를 수행하는 계산 기계 수준의 기계적 지성으로 축소, 환원해서 이해했다. 그러나 이러한 영혼 개념에 바탕을 둔 인공지능 개발 시도가 처참한 실패를 거듭하자 인공지능 연구자들과 일반 대중 모두 인공지능으로 온전한 인간의 지성, 인격, 의식을 구현하려면 인간됨의 조건과 영혼의 속성을 새롭게 확장해서 규정하고 연구해야 한다는 사실을 깨닫게 되었다. 이러한 맥락에서 본서의 후반부를 구성하는 6~10장에서는 인공지능 연구자들 사이에서 고대의 종교적, 철학적 영혼론이 오늘날 인공지능 기술의 발전 전망에 맞춰 새롭게 변형된 형태로 수용되고 있다는 사실을 조명한다. 특히 마인드 업로딩과 초지능 개발이라는 포스트휴머니즘(posthumanism)의 기술적 지향점에 대한 사유와 연구가 인간 영혼의 영성과 초월성을 새롭게 규정하고 구현해야 할 필요성을 일깨우는 계기가 되고 있다는 것을 밝힌다.

## 참고문헌

Cavarero, A.(2005). *For More than One Voice*. Stanford: Stanford University Press.

Lye, S.(2024). *Life/Afterlife: Revolution and Reflection in the Ancient Greek Underworld from Homer to Lucian*. Oxford: Oxford University Press.

Walshe, T. M.(2016). *Neurological Concepts in Ancient Greek Medicine*. Oxford: Oxford University Press.

# 01
# 코다마와 엔트: 만물에 깃든 신

우주 만물에 영혼이 깃들어 있다는 사고는 고대의 다양한 신화나 종교 가운데서, 가장 대표적으로는 고대 서구 신화와 일본의 신토에서 찾아볼 수 있다. 물활론 신앙 속에서 영혼이란 생명과 본성을 유지하는 존재의 힘인 동시에 타자(他者)를 인지하고 타자와 상호작용할 수 있게 하는 관계의 힘이다. 이러한 영혼 개념은 오늘날 인공지능 개발 이념에 직간접적인 영향력을 행사하고 있는 것으로 여겨진다.

## 게르만 애니미즘과 엔트

애니미즘은 우리 한국인들에게는 다소 낯선 원시종교 유형이다. '영혼'을 뜻하는 라틴어 '아니마'(anima)로부터 유래된 이 단어는 자연 만물 전체에 영혼이 깃들어 있다는 믿음으로 정의된다. 우리 말로는 물활론(물질 전체에 생명력이 깃들어 있다는 사상)이라고도 번역된다. 한국의 전통종교는 크게 초혼(招魂)과 접신(接神)에 특화된 샤머니즘(shamanism), 그리고 죽은 조상을 신으로 모시는 조상숭배(ancestor worship)를 특징으로 삼고 있다. 이는 영혼이라는 것이 주로 인간에게 귀속된 것이라고 믿는 인간중심적 사고를 반영한다. 물론 한국 전통종교 가운데서도 애니미즘의 흔적을 찾아볼 수는 있다. 압록강의 신 하백(河伯)이나 여러 산신령에 대한 설화를 통해 고대 한반도인들이 특정 자연물에 영이 깃들어 있다는 생각을 갖고 있었다는 것을 확인할 수 있다(김창현, 2024: 13). 그렇지만 이런 일부 사례만 가지고 한국 전통종교의 핵심 성향을 애니미즘으로 분류하기는 어렵다. 그 이유는 애니미즘은 숭고해 보이는 산이나 강뿐만 아니라 우리가 일상적으로 사용하는 모든 사물에도 각각의 분수대로 영성이 깃들어 있다고 믿기 때문이다.

고대로부터 애니미즘이 지배적인 종교적 특성으로 자

리 잡은 곳은 그리스와 일본, 그리고 북유럽(브리튼 제도 포함)이다. 켈트 신화는 말할 것도 없고 게르만 신화 역시 애니미즘의 특성이 분명하게 드러난다. 고대에는 유럽의 주요 지역 상당 부분이 애니미즘으로 분류될 만한 종교를 믿었던 지역인 셈이다. 그러니 처음 그리스도교가 유럽 전역으로 퍼져 나갈 때 각 지역에서 상당한 잡음이 생겨난 것은 당연한 일이다(Hoffmann, 2014: 92~93). 그리스도교 교리에 따르면 영원히 불멸하는 영혼을 가진 피조물은 오로지 인간뿐이기 때문이다.

4세기경까지 로마 제국 전역으로 퍼진 그리스도교가 북유럽으로 전파되는 데 무려 600년 이상의 시간이 필요했다. 이는 그만큼 유럽 내 전통 종교의 영향력이 북유럽 사회 전반에 강하게 작용했다는 뜻으로 읽힐 수 있는 대목이다. 그리고 그 영향력은 유럽 전역에 그리스도교 세계(Christendom)가 세워진 뒤에도 완전히 사라지지 않고 민담, 설화, 전설, 그리고 오컬트(occult, 신비와 초현실적 현상들에 대한 연구) 속에 살아남아 전래되었다. 그리고 오늘날에는 주로 민간신앙이나 대중문화 속에 그 잔향이 남아 있다.

영화 〈반지의 제왕: 두 개의 탑(The Lord of the Rings: The Two Towers)〉(2002)에 등장하는 나무 거인 엔트

(Ent)는 북유럽 애니미즘을 대표하는 가장 유명한 캐릭터 가운데 하나다. 사실 엔트는 이 영화의 소설 원작 저자 존 로널드 루웰 톨킨(J. R. R. Tokien)이 창조한 캐릭터로서 고대 게르만 신화에 직접 등장하지는 않는다. 하지만 캐릭터의 어원과 특성이 앵글로-색슨 신화로부터 유래한 것은 분명해 보인다.

영문학의 출발점이라 할 수 있는 전설적 서사시 〈베오울프(Beowulf)〉는 9세기 초 한 잉글랜드 수도사에 의해 지어진 것으로 추정되는 앵글로-색슨 영웅 신화다(North, 2006: 321). 이 서사시에는 "거인들의 옛 작품(enta ærgeweorc)"이라는 고대 영어 문구가 나온다. 〈베오울프〉 연구의 권위자였던 문헌학자 톨킨은 여기서 '거인들'을 의미하는 단어 '엔트(ent)'를 가지고 '반지의 제왕' 소설 속 나무거인 캐릭터를 창조했다.

사람처럼 걸으며 높은 지성을 갖고 대화할 수 있는 나무거인 캐릭터의 설정이 단지 톨킨 혼자만의 상상으로 창안된 것은 아닐 것이다. 고대 영어와 앵글로 색슨 문화에 정통했던 톨킨은 모든 자연물 및 인공물이 고유한 영성을 가진다는 고대 게르만인들의 종교적 관념을 십분 반영해서 엔트 캐릭터를 창조한 것으로 보인다. 이는 고대 북유럽 지역에 널리 퍼져 있던 애니미즘 세계관이 현대 대중문화에 영감을 준 대표적 사례 가운데 하나로 볼 수 있다.

## 일본 애니미즘과 코다마

톨킨이 엔트라는 캐릭터를 창조한 것과 유사한 사례가 동아시아 국가 일본에서도 발견된다. 대다수의 고대 유럽인들과 마찬가지로 고대 일본인들 역시 애니미즘 세계관 중심의 종교를 믿었다. 신토(神道)는 우리 한국인들에게 식민지 지배의 고통스러운 역사를 상기시키는 일본 전통 종교다. 일본 제국주의자들은 한국 고유의 문화 전통을 말살하고 한국인들을 일본에 동화시키기 위해 국가 신토를 적극 활용했다. 신사 참배 강요 정책은 이런 종교적 동화 정책의 일환이었다. 이 신토는 고대 그리스나 북유럽 종교들과 마찬가지로 애니미즘 신화에 바탕을 두고 발전한 종교였다. 신토의 신들, 즉 '가미(神)'는 모든 장소, 사물, 현상에 깃들어 있다는 점에서 고대 그리스 신화나 게르만 신화의 신 혹은 정령과 유사하다. 그러나 그리스 신화가 신들을 신인동형론(anthropomorphism)의 관점으로 바라보는 것과 달리 신토는 신들이 인간과는 전혀 다른 형상과 속성을 가진다고 보았다. 물론 신토도 6세기경 불교가 전파된 이후

로는 일정 부분 신인동형론의 관점으로 신들을 바라보게 되었다(Hardacre, 2017: 1).

현대 일본 대중문화에서 신토 애니미즘을 대표하는 캐릭터라 하면 '코다마(木霊)'를 가장 먼저 떠올리게 된다. 일본 문화 연구자들이 일본 애니미즘과 대중문화의 관계를 설명할 때 가장 많이 거론하는 캐릭터가 코다마다. 미야자키 하야오(宮崎駿) 감독의 〈모노노케 히메(もののけ姫)〉(1997)에 등장하면서 전 세계적으로 유명해진 이 정령의 이름은 일찍이 일본의 헤이안 시대(794~1185)부터 문헌에 등장한다.

『화명류취초(和名類聚抄)』는 931년부터 938년까지 당대 최고의 학자였던 미나모토노 시타고(源順)가 쓴 백과사전이다. 이 백과사전 제2권 '귀신부(鬼神部)'에는 나무신(樹神)의 이름 "코다마(古太万)"가 기록되어 있다(国立国語研究所, 2017). 그리고 전 일본 학계와 서구권 문학계 일각에서 세계 최초의 소설로 인정받는 『겐지 이야기(源氏物語)』(1008)에는 코다마가 영악한 나무 혼령으로 묘사된다(Tyler, 2009: 103). 후대의 여러 일본 문헌에서는 코다마가 나무 혼령인 동시에 나무 사이로 퍼지는 메아리의 혼령으로 여겨지기도 한다(Foster, 2024: 136).

〈모노노케 히메〉에서 코다마는 나무가 울창한 숲에 사는 혼령으로 자연의 생명력이 충만한 산림에만 사는 것으로 소개된다. 이로써 작중 코다마는 온전하게 보존된 자연 생태에 담긴 영성을 대표하는 캐릭터로 자리매김한다. 작중 귀엽고 친숙한 모습으로 등장하는 이 정령은 〈이웃집 토토로〉의 토토로, 〈센과 치히로의 행방불명〉의 가오나시와 함께 지브리 스튜디오를 대표하는 캐릭터로 많은 이들의 사랑을 받아 왔다. 그리고 자연 생태와 조화를 이루며 살아가는 삶의 방식을 강조하는 일본 애니미즘의 대표 캐릭터로 전 세계에 널리 알려졌다.

그런데 일본 애니미즘은 나무와 같은 생명체가 아닌 무생물에게도 영성이 있음을 가르친다. "과거 일본인들은 이 세상에 존재하는 거의 모든 것들 안에 영이 거한다고 믿었다"(Masaki, 2002: 90). 이런 영의 존재가 중요한 이유는 그것이 인간과 인간, 인간과 사물, 그리고 사물과 사물 간의 적절한 관계 방식을 결정짓는 주된 요인으로 여겨졌기 때문이다. 일본 신토에서 모든 생물과 무생물, 장소, 그리고 자연 현상 안에 담긴 영의 존재는 존재하는 모든 것에 대한 차별과 악의를 금하는 도덕적 준거가 된다. 각 사물에 담긴 영의 기능과 능력에 차이는 있을 수 있어도 기본적으로 모든 것이 영적 존재인 이상 그 생명

혹은 존재에 각각의 고유한 가치가 있다는 믿음이 일본 전통 종교 신토의 세계 이해를 결정한다.

## 인간과 만물의 영적 평등

고대 유럽인들과 일본인들의 종교성을 특징짓는 애니미즘은 자연 만물을 도구적 대상으로만 바라보는 타자화(他者化)의 사고방식을 억제하는 데 크게 기여했다. 애니미즘 세계관 속에서 자연 만물은 생물과 무생물을 가리지 않고 그 전체를 포용하는 충만한 영적 생명력으로 서로 긴밀하게 연결되어 있다. 만물은 그저 도구로 널려 있는 무력하고 무감정한 존재자들이 아니라 적극적으로 자기 존재를 표명하고 인간과 소통하는 영적 존재다.

〈반지의 제왕〉 속 엔트는 호빗들의 힘겨운 설득 끝에 숲을 황폐하게 만드는 악의 세력을 징벌하는 전쟁에 함께 참전한다. 〈모노노케 히메〉의 코다마는 인간의 말을 알아듣고 숲길을 안내하는 길동무가 되어 준다. 여기서 인간은 권위자, 명령자가 아니다. 〈반지의 제왕〉의 호빗들은 엔트의 협력을 얻어 내기 위해 상당히 고생스러운 협상 과정을 거친다. 〈모노노케 히메〉의 주인공 아시타카는 숲을 안전하게 지나가기 위해 코다마의 허락을 구한다. 이처럼 애니미즘 세계관 속 인간과 자연 만물은 서로 평등한 위치에서 소통하고 협력해야 하는 책임을 짊어진다. 만일 인간이 자연 생태나 사물에 폭력을 가하면 생태와 사물 또한 인간을 징벌할 권리를 갖는다. 인간과 비인간 존재자 사이의 이런 평등한 공생공존 관계는 애니미즘이 제시하는 모범적 삶의 방식이다.

이것은 인간과 비인간 존재자 사이에 분명한 주종 관계가 형성되어 있다고 가르치는 그리스도교 세계관 안에서는 찾아보기 어려운 공존의 윤리다. 물론 성서도 창세기 2장과 이사야서 11장에서 인간과 자연 만물의 조화로운 공존과 상생의 이상을 제시한다. 그런데 성서 속 인간과 만물의 상생에서는 양측의 평등이 아니라 위계가 부각된다. 창세기에 기록된 에덴 동산에서는 인간이 동산 전체를 "다스리며 지키는" 권한을 위임받았고(창세기 2:15) 들짐승과 새들의 "이름을 짓는" 역할을 맡았다(창세기 2:20). 이사야서에 예언된 하나님의 왕국에서는 "어린아이가 맹수들을 이끌고" 다니며 "젖먹이 아이가 독사의 굴에서 장난을 쳐도" 아무런 해를 입지 않는다(이사야 11:6~8). 여기에 묘사된 이상향 역시 그 주도권은 인간 편에 주어진다. 이곳의 평화로운 공생 관계는 인류에게 한없이 우호적인 환경의 조성을 위한 조건이다. 이처럼 성서는 자연 만물이 인간에게 순복하고 인간을 위해 봉사하는 인간 본위의 관계를 정당화한다.

여기서 고대 유럽 민속 종교, 일본 신토, 그리고 그리스도교의 세계관 가운데 어느 편이 우월하다거나 열등하다고 주장하는 것은 아무 의미가 없다. 다만 과거에는 인간 외의 존재자들도 인간과 동격의 영성을 갖는다는 믿음이 세계 여러 지역과 민족 구성원들 사이에 광범위하게 퍼져 있었다는 사실만큼은 분명하게 짚고 넘어갈 필요가 있다. 그리스도교를 포함한 아브라함의 종교들(Abrahamic religions)이 가르치는, 오직 인간만이 영혼을 가진 존재자라는 생각은 고대에는 비주류 사상에 속했다. 옛적에 세계 각지에서 광범위한 영향력을 발휘했던 애니미즘은 그리스도교 전파와 서구화에 의해 그 힘이 약화되기는 했으나 명맥이 완전히 끊어지지는 않았다. 그리고 이렇게 애니미즘의 명맥이 비교적 온전하게 유지되는 곳에서는 오늘날 새롭게 개발된 기술 문명의 총아, 인공지능의 영적 진화에 대한 전망이 별다른 저항 없이 받아들여지는 양상을 보인다. 인공지능이 인간과 동격의 혹은 그 이상의 지성과 의식, 그리고 인격을 갖춘 존재로 진화할 것이라는 인공일반지능 현실화에 대한 예견은 애니미즘 세계관에서 충분히 실현 가능성 있는 전망으로 여겨진다.

## 참고문헌


김창현(2024). 한국의 건국신화에 나타난 물과 불의 상징: 동물 형상과 인간 주체의 관계를 중심으로. ≪온지논총≫, 80: 9-32.

Foster, M. D.(2024). *The Book of Yokai: Mysterious Creatures of Japanese Folklore*. Oakland: University of California Press.

Hardacre, H.(2017). *Shinto: A History*. Oxford: Oxford University Press.

Hoffmann, R. C.(2014). *An Environmental History of Medieval Europe*. Cambridge: Cambridge University Press,

North, R.(2006). *The Origins of Beowulf: From Vergil to Wiglaf*. Oxford: Oxford University Press.

Tyler, R.(2009). *The Disaster of the Third Princess: Essays on the Tale of Genji*. Canberra: Australian National University Press.

国立国語研究所. 二十巻本和名類聚抄. 巻二(2017. 11. 9). https://www2.ninjal.ac.jp/textdb_dataset/kwrs/kwrs-002.html

正木晃(2002).『お化けと森の宗教学 — となりのトトロといっしょに学ぼう』. Tokyo: Shunjūsha.

## 02
## 모르페와 프시케: 생명과 생각을 주는 영혼

영혼 관념의 철학화는 플라톤과 아리스토텔레스에 의해 본격화되었다. 특히 아리스토텔레스는 생물학 관점으로 영혼의 특성을 논해 인간 정신과 인격에 대한 서구인들의 이해 방식 형성에 결정적인 역할을 했다. 아리스토텔레스에 따르면 인간의 영혼이란 몸에는 생명을, 마음에는 지성을 부여하는 '자연적인' 힘이다.

## 영혼, 고대 철학의 주요 주제

고대 유럽의 대부분 지역에서는 애니미즘으로 분류되는 원시 종교들이 사람들의 세계관을 지배하고 있었다. 그리스 지역도 예외는 아니었다. 고대 그리스 신화는 호메로스와 헤시오도스의 서사시, 그리스 3대 비극 시인인 아이스킬로스, 소포클레스, 에우리피데스의 희곡, 그리고 아폴로도로스의 신화집 등을 통해 집대성된 방대한 서사 체계를 갖추고 있다. 이 서사 체계는 기원전 8세기부터 기원전 1세기까지 700년이 넘는 긴 세월에 걸쳐 여러 시인들에 의해 집필되었던 까닭에 문헌들 사이 세부 내용이 불일치하는 경우가 상당히 많았다. 오늘날 대중문화계에서 통용되는 표현대로라면 전작과 후속작의 설정이 서로 충돌하는 설정 오류가 여러 곳에서 발견되는 것이다.

고대 그리스 민간 종교는 이렇게 설정 오류가 곳곳에서 발견되는 서사 체계를 기반 삼아 형성되고 발전했다. 당연히 고대 그리스 문화권 내부에서도 시대와 지역에 따라 신과 인간에 대한 가르침 속에 크고 작은 견해의 차이가 발견된다. 이런 설정 오류와 통일되지 못한 체계의 허술함은 당대 철학자들 입장에서 매우 불만족스러운 일로 여겨졌다. 학문의 분과 구분이 거의 이루어지지 않았던 시대, 종교와 철학의 경계가 모호했던 이 시기에 '테올로기아'(θεολογία, theologia), 즉 신들(θεός, Theos)에 대한 담론(λόγος, logos)은 모든 학자들이 반드시 다루고 넘어가야 할 필수 학문, 제일철학(prima philosophia)의 일익을 담당하는 논제였다. 내적 일관성은 학문 체계의 필수 요건인 만큼 신들에 대한 담론의 일관성은 반드시 확보해야만 하는 학문적 덕목으로 여겨졌다.

이에 고대 그리스 철학자들의 신과 존재에 대한 담론은 민간 신앙의 내용과는 크게 다른 방향으로 발전해 갔다. 철학자들은 그리스 신화의 종교적 권위를 인정하면서도 그에 대한 독창적인 해석 방안을 고안해 통일된 종교 이론, 통일된 형이상학을 정립하려 했다(Meeks, 2020: 32~33). 탈레스를 필두로 피타고라스, 파르메니데스, 헤라클레이토스 등이 독창적인 이론을 창안했고, 소크라테스, 플라톤, 아리스토텔레스에 이르러서는 기존 그리스 철학 사상 전체를 하나로 통합하려는 시도가 이루어졌다.

소크라테스 이전까지 그리스 철학자들은 신과 자연 만물 전체의 존재 원리에 주로 관심을 두었다. 이들의 사상 체계 가운데서 인간의 신체적, 정신적, 영적 존재 원리는 상대적으로 큰 관심을 받지 못했다. 하지만 소크라테스를 기점으로 고대 그리스 철학은 인간의 영혼과 육체, 그리고 감성과 지성에 대해 본격적으로 파고들기 시작한다. 소크라테스와 그의 말년의 제자 플라톤은 통일되지 못한 영혼에 대한 이해를 교정하는 일, 통일된 '프시케' 담론 정립에 많은 힘을 들였다. 플라톤에 따르면 영혼이란 원래 형상계(形相界)에서 인간의 보편 형상과 함께 있다가 현상계(現象界)로 유출된 존재의 힘이다. 영혼은 형상의 그림자인 질료적 존재자가 이 현상계에 잠정적으로 머무를 수 있게 해 주는 원동력을 제공한다. 무엇이든 질료로 존재하는 것은 형상을 분유(分有)하는 영혼을 가지고 있다(Plato, 2012: 119~120). 이렇게 만물에 영혼이 깃들어 있다는 플라톤의 통찰은 그리스 신화의 애니미즘을 철학적으로 체계화한 사유의 결실이라고 볼 수 있다.

## 영혼과 육체의 통일성

아리스토텔레스는 아테네 출신인 소크라테스, 플라톤과 달리 마케도니아에서 태어나 자랐다. 그의 부친 니코마코스는 알렉산더 대왕의 조부 아민타스 3세의 주치의였다. 아리스토텔레스는 18세 되던 해 아테네로 유학을 가게 된다. 그는 플라톤이 설립한 종합 철학 연구 기관(오늘날의 대학에 해당) 아카데미아(Ἀκαδημία, Akademia)에 입교해 약 20여 년 동안 그곳에서 수학한다. 아카데미아에서 연구를 수행하던 시기의 아리스토텔레스는 스승인 플라톤의 형상 이론과 영혼론을 배우면서 그것을 나름의 방식으로 재해석하는 데 힘쓴다. 여기서 주목할 점은 그가 플라톤과는 달리 영혼과 육체의 차별성이 아닌 통일성을 더 강조한다는 사실이다.

플라톤 입장에서 무엇인가 진정으로 존재하는 것, 즉 '우시아(οὐσία, ousia, 실체)'란 물질 세계 너머의 형상계에 존재하는 형상들이다. 이 형상을 플라톤은 '에이도스(εἶδος, eidos)'라 불렀다. 에이도스는 육체의 감각으로는 감지할 수 없는 순수하게 지성적인 보편 형상을 지칭한다(Friedländer, 1973: 17~18). 그런데 아리스토텔레스는 실체가 물질 세계와 동떨어져 있다는 플라톤의 주장에 동의할 수 없었다. 그는 참으로 존재하는 실체란 물질 세계에 존재하는 것들, 개별 존재자들의 질료와 형상이라 여겼으며 질료와 마찬가지로 형상 역시 육체의 시각으로 감지할 수 있는 것이라 여겼다(Lewis, 2009: 175~176). 이렇게 아리스토텔레스가 질료와 형상을 분리하지 않고 하나의 통일체로 보게 된 데는 의사였던 그의 아버지의 생물학 교육의 영향이 큰 몫을 차지했던 것으로 추정된다(Van der Eijk, 2002: 59). 생물의 육체적 존재 방식에 깊은 관심을 갖고 있었던 아리스토텔레스에게 육체를 떠나 있는 형상이라는 개념은 공허한 것으로 여겨졌을 것이다.

이런 의미로 아리스토텔레스는 형상을 지칭할 때 에이도스보다는 '모르페(μορφή, morphe)'라는 용어를 즐겨 사용했다. 모르페란 어떤 사물의 가시적인 형태를 말한다. 이 가시적 형상은 단순히 어떤 것의 모양새만을 말하는 것이 아니라 그 모양새에 기인한 특성과 기능까지도 포괄하는 개념이다. 이것 역시 생물학적 관점으로 보면 쉽게 이해할 수 있는데, 가령 동격의 신체 부위라 하더라도 인간의 손과 개의 앞발은 각각의 특성과 목적에 맞는 서로 다른 형태를 갖는다. 개의 앞발이 걷고 뛰는 기능을 위해 특화된 모양새를 갖는 것과 달리, 인간의 손은 물건을 집고 도구를 사용하는 데 유리한 모양새를 갖고 있다. 모양새가 기능과 특성을 결정하는 셈이다.

형상에 대한 아리스토텔레스의 사유는 모양새와 기능, 특성을 거쳐 보편성과 존재 목적을 모색하는 데까지 이어진다. 아리스토텔레스는 자연 만물 모두 각각의 고유한 형상을 갖고 있지만 유독 생물의 형상이 무생물의 형상과 달리 특별한 힘, 즉 생명을 부여하는 힘을 갖는다는 점에 착안했다. 그리하여 그는 생명체, 즉 식물, 동물, 그리고 인간의 형상을 따로 프시케, 즉 영혼으로 지칭했다(Aristotle, 2011: 48~49).

## 영혼의 힘, 지성

플라톤과 아리스토텔레스는 서로 확연하게 구별되는 관점으로 실체와 형상에 대해 사유했다. 하지만 인간은 지성을 갖기 때문에 만물 가운데서 가장 고등한 영혼을 갖고 있다는 데 대해서는 두 사람 모두 분명한 공감대를 형성하고 있었다. 양측의 철학 체계 안에서 '누스(νοῦς, nous)', 즉 지성이란 인간 영혼이 가진 고유한 생명 작용으로 만물에 대한 인간의 우월함을 정당화하는 강력한 특성이자 능력을 가리킨다.

플라톤의 인간 이해는 영혼이 물질적이고 감각적인 현실을 초월하는 일, 형상계로 고양(高揚)하는 것을 일생일대의 사명으로 지정한다. 반면, 아리스토텔레스의 인간 이해는 물질과 감각이 마주치는 현실 세계 내부에서 영혼의 성숙과 완성을 종용한다. 이런 맥락에서 아리스토텔레스의 영혼에 대한 사유는 인간의 영혼이 감성에 포착되는 물리적 현상을 수용하고 인식하는 기제(機制)를 면밀하게 분석한다.

아리스토텔레스는 저서 『영혼론(Περὶ Ψυχῆς, Peri Psyches)』에서 식물, 동물, 그리고 인간 영혼의 특성과 우열에 대해 논한다. 아리스토텔레스에 따르면 식물과 동물도 인간과 마찬가지로 생명체이기에 영혼을 갖지만 그 기능은 인간에 비해 크게 제한되어 있다. 식물의 영혼은 영양 섭취, 성장, 재생산 기능을 갖는다. 동물의 영혼은 식물의 영혼이 지닌 세 가지 기능에 더해서 감각, 운동, 그리고 낮은 수준의 식별 능력을 갖는다. 인간의 영혼은 식물과 동물의 영혼이 지닌 모든 기능에 더해 합리적 사고가 가능한 지성과 이 지성을 통해 발현되는 자유의지라는 고등하고 독특한 능력을 갖는다(Aristotle, 2011: 53~54).

여기서 지성의 힘은 크게 세 가지로 나뉜다. 첫째는 물질 세계로부터 주어진 감각을 그 모양대로 표상하는 능력이다. 이 능력을 통해 인간의 마음속에는 먼저 개별 대상에 대한 감각상(φαντασία, phantasia)이 생겨난다(Aristotle, 2011: 76). 예를 들어 우리가 아름다운 들꽃 한 송이를 주목해 바라보면 그 '특정한' 들꽃이 주는 감각들(형태, 색채, 향기, 꽃잎의 부드러운 촉각과 습기 등)이 우리 마음에 이미지로 남게 된다. 이 꽃의 구체적이고 개별적인 이미지가 감각상에 해당한다.

다음은 감각상으로부터 물질적 특성을 완전하게 제거하는 능력이다. 여기서 물질적 특성을 완전하게 제거한다 함은 물질적 개체들이 가진 개별 특성들을 제거한 일종의 보편 표상을 조성한다는 뜻이다. 이 능력을 통해 감각상은 표상상(φάντασμα, phantasma)으로 재구성된다(Aristotle, 2011: 80). 예를 들어 방금 주목해서 관찰한 들꽃이 주변에 무리지어 여럿 피어 있다면, 우리의 마음은 자동적으로 이 동일한 유(類)에 속한 여러 송이의 들꽃들을 하나의 집합으로 묶어 그 안에서 비교하게 된다. 그러다 보면 소소한 차이점은 사라지고 그 들꽃들 전체가 갖는 동일한 속성들을 발견하게 될 것이다. 그러면서 이 동일 속성들이 하나로 집약된 보편적인 들꽃의 이미지가 마음속에 떠오르게 된다. 이것이 표상상에 해당한다.

마지막은 표상상들을 종합해서 해당 대상의 형상 혹은 그 안에 담긴 보편적 원리를 합리적으로 추론해 내는 능력이다. 이 능력을 통해 표상상은 대상의 보편적이고 추상적인 형상에 대한 참된 사고, 즉 '노에마(νόημα, noema)'로 확정된다(Aristotle, 2011: 87). 예를 들어 방금 표상상으로 재구성된 들꽃의 이미지는 다양한 논리적 추론의 방법들을 통해 그 들꽃에 대한 추상적이고 보편적인 지식 혹은 개념으로 자리 잡게 된다. 이 경우 우리는 이제 그와 동류의 들꽃을 직접 바라보지 않더라도 그것을 떠올려 생각할 수 있고 그 들꽃이 향후 어떤 식으로 변화하고 완성되어 갈지 미리 예견할 수 있다.

이렇게 감각상에서 표상상을 거쳐 형상에 대한 사고 혹은 개념으로 이어지는 인간 영혼의 고유한 인식 기제는 인류에게 막강한 힘을 부여한다. 인간은 이를 통해 자연 만물에 대한 지식을 길어 낼 뿐 아니라 우리가 감각으로 접할 수 없는 초월적 존재, 모든 운동과 변화, 완성의 제일원인인 신에 대해서도 알아낼 수 있다. 그러므로 지성은 인간의 영혼이 식물이나 동물의 영혼에 비해 절대적으로 우월한 위치를 점하게 해 주는 막강한 능력이다. 아리스토텔레스는 인간의 영혼이 소유한 지성에 대한 사유를 통해 인류가 가진 힘에 대한 열망을 자극한다. 이 열망은 고대인들에게 형언하기 어려운 열정적 희망을 선사했다. 아직 문명 발전 수준이 미진했던 시절, 항상 자연의 막강한 힘에 대한 두려움, 질병과 재해와 전쟁과 범죄 때문에 느끼는 절망감, 신에 대한 무지와 실책이 초래할 재앙에 대한 불안감에 시달려야 했던 고대인들은 그나마 지성이 수여하는 '발전적인' 권능에서 희망과 위안을 찾았다.

사실 기술 문명이 비교도 할 수 없을 만큼 발전한 현재도 근본적으로 달라진 것은 없다. 과거보다는 줄어들었지만 오늘날도 세계 각지에 전쟁 위협은 상존하고, 난치병과 불치병에 고통받는 이들 또한 적지 않으며, 환경 파괴와 기후 변화로 대규모 재해 발생 위험은 오히려 더 늘어난 상태다. 그래서 과거 철학이나 신학으로 존재의 진리를 탐구하는 인간 지성에 대한 기대감은 오늘날 자연과학 발전에 대한 맹목적 신뢰로 그 형태만 달리한 채 여전한 영향력을 행사하고 있다. 그리고 최근에는 이것이 인간을 아득히 능가하는 추론 능력을 지닌 새로운 형태의 지성, 인공지능을 창조하려는 열광적 바람으로 표출되고 있다.

## 참고문헌


Aristotle(2011). *De Anima*. Trans. by Mark Shiffman. Newburyport: focus publishing.

Friedländer, P.(1973). *Plato: An Introduction*. Trans. by Hans Meyerhoff. Princeton: Princeton University Press.

Lewis, F.(2009). 'Form and Mattter'. In *A Companion to Aristotle*. Edited by Georgios Anagnostopoulos. Oxford: Blackwell.

Meeks, J. L.(2020). *Allegory in Early Greek Philosophy*. Stuttgart: ibidem Press.

Plato(2012). *A Plato Reader: Eight Essential Dialogues.* Edited by C. D. C. Reeve. Indianapolis: Hackett.

Van der Eijk, P.(2002). 'Aristotle's Psycho-physiological Account of the Soul-Body Relationship'. In *Psyche and Soma: Physicians and Metaphysicians on the Mind-Body Problem from Antiquity to Enlightenment.* Edited by John P. Wright and Paul Potter. Oxford: Clarendon Press.

# 03
# 코기토와 갈대: 합리와 비합리 사이의 영혼

서구의 중세를 거쳐 근대까지 영혼은 주로 기독교적 관점에 따라 초자연적 존재로 해석되었다. 그러나 17세기 데카르트는 아리스토텔레스와 마찬가지로 영혼과 지성을 다시금 자연적 능력으로 성격규정했고, 그 대척점에 섰던 파스칼은 인간 영혼과 지성 속 자연성과 초자연성의 공존을 주장했다.

## 영혼, 합리적 사고의 근거지

중세 시대 유럽인들은 고대 그리스나 로마 시대 만큼 인간 지성에 큰 기대감을 갖지 않았다. 4~5세기경 히포의 아우구스티누스(Augustinus Hipponensis)에 의해 집대성된 신플라톤주의 기독교 교의는 인간의 영혼에 깊게 새겨진 원초적 죄성과 지성의 타락 가능성을 엄중하게 경계하도록 가르쳤다(Augustine, 1960: 109). 여기서 지성의 타락 가능성이란 인간의 자율적 진리 탐구 노력이 성서 계시와 교회 교의의 권위를 약화하거나 부정하는 데 악용될 가능성을 말한다. 이런 기조는 12세기 유럽 사회에 큰 변혁을 일으킨 세 번째 중세 르네상스(medieval renaissance) 시기까지 이어졌다.

12세기의 르네상스(Renaissance of the 12th century)는 십자군 전쟁을 통해 중동 지역에서 유럽으로 역수입된 고대 그리스와 동로마 제국의 문화유산에 의해 촉발되었다. 이 당시의 문예 부흥을 대표하던 신학자 토마스 아퀴나스(Thomae Aquinatis)는 오랫동안 유럽 전역에서 평가절하되고 있었던 아리스토텔레스 철학의 위상을 회복시키면서 인간의 영혼에 담긴 지성의 진리 탐구 능력에 대한 기대감을 일정 부분 되살리는 데 성공했다. 아퀴나스는 최고의 진리, 영적 진리는 오직 성서 계시에 대한 확고한 믿음을 통해 얻을 수 있지만 자연 만물에 대한 지식은 아리스토텔레스가 제시한 감각 경험과 지성의 힘을 통해 획득할 수 있다고 가르쳤다. 그리고 이 지성의 힘이 신앙을 약화시키는 것이 아니라 오히려 신앙과 조화를 이루어 그리스도인들의 세계 이해를 더 원숙하게 만들 수 있다는 긍정적 전망을 제시했다(Shanley, 2002: 73).

이렇게 중세 중기(11~13세기)부터 점차 회복되기 시작한 인간 지성의 위상은 중세 후기(14~15세기) 르네상스, 그리고 근대 초기(16~17세기) 과학혁명을 거치면서 중세는 물론이고 고대와도 비교할 수 없을 만큼 높아졌다. 과학혁명 시기 서유럽 사회 전반에 퍼진 영혼과 지성에 대한 이 희망찬 기대감을 대표하는 인물은 데카르트였다. 근대 철학의 출발점으로 인정받는 데카르트의 사유 체계 속에서 인간의 영혼이 발휘하는 사고력의 핵심은 크게 회의(doubts), 기하학적 인지, 그리고 자기의식(self-consciousness) 세 가지로 요약된다.

첫째, 회의는 기존 모든 이론, 학설, 계산을 의심할 수 있는 힘이다. 인간은 이 지적 능력을 통해 맹신에 빠져들지 않고 더 온전한 진리로 나아갈 수 있으며 절대 회의할 수 없는 무조건적 진리에 접근할 수 있다(Descartes,

1929: 23). 둘째, 기하학적 인지는 현실에 존재하는 모든 물질적 존재자를 공간적으로 "연장된 실체(res extensa)"로 환원해 인지하는 영혼의 능력이다(Descartes, 1929: 82). 데카르트는 회의의 여지가 없는 기하학적 정확성을 가지고 사물을 인지하려는 목적으로 데카르트 좌표계(Cartesian coordinate system)와 데카르트 벡터 표기(Cartesian vector notation)를 고안했다. 셋째, 자기의식은 사고하는 모든 순간에 그 사고를 수행하는 자아, 주체를 의식하는 능력이다. 그 어떤 것을 생각하든 자아는 그 생각과 항상 함께한다. 그래서 사고를 통해 자아가 존재하고, 그 자아의 사고 덕분에 세계가 존재한다. "나는 생각한다. 그러므로 나는 존재한다(cogito, ergo sum)." (Descartes, 1929: 26~27).

데카르트의 코기토 개념은 영혼의 사상사에서 다음 두 가지 중대한 의미를 갖는다. 첫째, 인간의 자율적인 회의가 자연적 진리만이 아니라 그것을 초월하는 절대 진리, 영적 진리를 찾는 데서도 유효한 방안이라는 것을 변증한다. 둘째, 세계의 존재는 신의 창조 사역의 산물이기 이전에 자아의 사고 활동의 산물이라는 것을 역설한다. 이는 곧 존재를 파악하고 다룰 권리가 신이 아니라 인간 주체에게 직접 수여되어 있다는 것을 의미한다. 물론 데카르트는 신의 존재를 거부하지 않았다. 그는 인간의 사고보다 완전한 초월자가 존재하며 이 초월자가 인간 사고의 근원이라고 가르친다(Descartes, 1929, 29~30). 하지만 데카르트의 코기토 사상은 실질적으로 존재에 대한 사유와 인식의 권한 전체를 인간에게 부여한다. 신은 단지 사고의 존재 기원일 뿐 사고의 내용 자체에는 관여하지 않는다. 이것이 영혼의 사상사에서 데카르트 인식론이 갖는 주된 함의다.

## 영혼, 심정적인 직관의 근거지

데카르트가 방법적 회의를 통해 기존 모든 가르침과 지식을 회의하며, 기하학적으로 인지된 것만 인정하며, 자기의식을 진리의 근거지로 내세우는 동안, 데카르트보다 27살이 어렸던 파스칼은 데카르트의 영혼론이 지닌 문제점을 지적하며 영혼의 신비적 본질을 논증하려 했다. 데카르트는 파스칼의 천재성을 인정했고 파스칼은 인간의 사고력에 대한 데카르트의 통찰을 존중했다. 이 두 사람 사이에는 첨예한 철학적 견해 차이가 있었지만 둘이 실제 만났을 때는 서로를 존중하는 태도로 진지하게 토론에 임했다고 한다. 데카르트가 51세 때, 그리고 파스칼이 24세였을 때 두 사람의 만남이 이루어졌다

(Caws, 2017: 52). 이 만남은 데카르트가 먼저 요청했고 파스칼이 흔쾌히 제안을 받아들이면서 이루어졌다. 그즈음 파스칼은 병에 걸려 병상에 누워 있었는데 데카르트는 수학자이자 의사였으므로 파스칼과 토론도 하고 그를 진료하기도 할 겸 파스칼 가문의 집에 찾아갔다.

이 만남은 이틀간에 걸쳐 이루어졌다. 첫날에는 저명한 수학자 질 드 로베르발(Gilles de Roberval) 교수와 파스칼의 여동생 자켈린이 두 사람이 만나는 자리에 동석했다. 데카르트, 로베르발, 파스칼 세 사람은 데카르트 신 존재 증명의 약점에 대해, 그리고 진공 상태의 존재에 대해 열띤 토론을 나눴다. 다음 날에는 별다른 토론 없이 데카르트가 약 세 시간에 걸쳐 파스칼의 병을 진단하고 처방을 내리는 것으로 두 사람의 짧은 만남은 마무리되었다.

이 만남에서 이루어진 데카르트와 파스칼의 논쟁은 신과 영혼에 대한 두 사람의 입장 차이를 명료하게 보여주었다. 데카르트는 영혼의 존재 증거가 합리적 사고를 수행하는 코기토라고 주장했다. 또한 그는 더 완전한 것에서 불완전한 것이 나온다는 중세 스콜라 철학의 존재론적 대전제를 이어받아 회의하는 불완전한 인간의 영혼은 전혀 회의할 필요가 없이 모든 것을 아는 신의 존재에 의존해서 존재한다는 나름의 존재론적 증명을 설파했다. 이 두 주장의 핵심은 결국 신과 영혼의 존재가 인간의 엄밀한 합리적 사고를 통해 명증될 수 있다는 것이다.

반면 데카르트보다 가톨릭 신앙에 훨씬 우호적이었던 파스칼은 인간의 합리적 사고가 인간 존재의 특수한 가치를 떠받치는 데 필요한 요인이라는 것을 인정하면서도 신과 영혼의 존재를 입증하는 것은 합리적 사고가 아니라 종교적(혹은 그리스도교적) '심정'이라고 주장했다(Pascal, 1995: 12). 파스칼에 따르면 합리적 사고는 자연적이고 물리적인 세계의 법칙을 알아내는 데 유용하지만 초월적이고 영적인 존재의 진리에 대해서는 접근할 능력이 없다. 신과 영혼의 진리는 이성으로 사유하는 것이 아니라 심정으로 직관하는 것이다. 심정은 사랑에 대한 감성을 가지므로 신이 인간에게 내리는 사랑을 감지한다. 또한 심정은 무한에 대한 감성을 가지므로 신의 무한성이나 수의 무한 같은 초감성적 실재 역시 이성이 아니라 심정에 의해 감지된다(Pascal, 1995, 68~69). 심정은 인간 영혼의 핵심 기능으로서 인간을 다른 자연 만물과 구별되게 하는 고유의 존재적 본성이다.

그래서 인간은 어느 순간이라도 흔들림 없이 확고하

게 존재하며 회의하는 코기토가 아니라 그저 "생각하는 갈대"에 불과하다(Pascal, 1995: 72). 합리적 사고 능력은 인간 존재의 특수한 가치를 보장하는 특성 가운데 하나다. 하지만 그 사고 능력도 바람에 흔들리는 것처럼 불안한 인간의 존재를 안정시켜 주지 못한다. 사고는 유한하고 불안정하기에 인간은 궁극적으로 심정을 통해 직관하는 영적 진리에 의존해서 삶을 영위해야 한다는 것이 파스칼 영혼론의 골자였다.

## 지능보다 포괄적인 전인적 인격

파스칼의 영혼론은 영혼 개념을 합리적 사고 능력인 이성으로부터 분리하는 분기점이 되었다. 이로써 플라톤 이래 서구 사유에서 거의 단 한 순간도 서로 분리되어 본 적 없었던 영혼과 이성을 서로 떼어 놓고 생각하는 새로운 유형의 영혼 이론이 서구 사상사 전면에 등장하게 되었다. 이것은 서구 근현대 인간 이해 역사에서 중차대한 의미를 갖는 일이다. 영혼과 이성의 분리를 시도한 파스칼의 영혼론은 인간의 삶의 근거가 주체 내부에서 정립되는 명료한 논리에 바탕을 두고 있다는 믿음에 도전한다. 이로써 파스칼은 인간의 삶이 주체 외부에 주체를 초월해서 존재하는 것에 대한 원초적 감성과 감흥에 근거를 두고 있다는 주정주의(emotionalist) 인간 이해의 선구자로 자리매김한다.

파스칼의 인간 이해 방식은 오늘날 인공지능 기술 발전 동향과 관련해서도 중대한 의미를 갖는다. 인공 에이전트가 인간과 같은 영혼을 가진다는 것, 이는 단순히 인간 수준의 지성 혹은 이성을 가진다는 것만을 의미하지 않는다. 영혼을 이루는 구성 요소는 지능보다 훨씬 포괄적이라는 통찰이 파스칼의 '갈대' 개념에 담겨 있다. 인간의 인지 능력에 잡히는 것 이상의 것들, 감성적이고 직관적이라서 말로 표현하기 어렵지만 삶의 중요한 부분을 이루는 체험들이 인간의 전인적 '인격'을 이룬다는 깨달음이 파스칼의 사유에 담겨 있다. 이 관점대로라면 진정한 인격을 구현하는 인공지능은 뛰어난 논리 연산 혹은 통계 연산 능력만 갖춰서 될 것이 아니라 "체화된 인지(embodied cognition)"를 가능케 하는 신체적 감성과 감정까지 구현해야 한다.

최근에는 이런 요구 조건을 충족하기 위해 "체화된 인공지능(cmbodied artificial intelligence)"이라는 연구 주제가 부각되고 있다. 체화된 인공지능은 물리적 차원으로만 보면 로봇공학과 직결되는 개념이지만 지능 차원에서 생각하면 그 의미가 상당히 모호하고 불분명하다

(Ziemke, 2004: 33). 인간의 생물학적 지능과 신체의 긴밀한 연결 관계를 온전하게 구현하려면 우선 어떤 인지 모형을 채택할지 고민해야 하고 그 모형에 맞는 물리적 신체의 재료와 구성 방식을 탐색해야 한다. 여기에 더해 감성으로부터 일어나는 감정을 구현하기 위한 감정 인공지능(emotional artificial intelligence, EAI) 기술까지 융합해야 한다.

체화된 인공지능 연구의 앞길에 겹겹이 쌓인 이 난제들은 인간 수준의 인공지능 구현이 여러 낙관적인 미래학자나 인공지능 연구자들이 전망한 것보다 훨씬 복잡하고 어려운 일이 될 것이라는 사실을 암시한다. 파스칼의 심정, 즉 숭고함을 향한 인간의 고결한 감성과 감정은 실재하지만 형언하기 어려운 영혼의 힘이다. 형언하기 어렵다는 것은 곧 논리적으로나 수학적으로 대상화하기 어렵다는 뜻이고, 이는 디지털 컴퓨팅 기술에 의존하는 현재의 인공지능 개발 방식으로는 쉽게 달성할 수 없는 일이라는 것을 의미한다. 이처럼 데카르트의 코기토 사상에 도전한 파스칼의 인간 이해는 오늘날 '인간적' 품격을 가진 인공지능 개발을 꿈꾸는 인공지능 연구자들에게 인간의 지성, 감성, 그리고 감정 전체를 아우르는 인격에 대한 심층적인 고민과 탐구를 수행해야 할 막중한 과제를 던져 준다.

## 참고문헌

Augustine.(1960). *The Confessions of St. Augustine.* Trans. by John K. Ryan. New York: Image Books.

Caws, M. A.(2017). *Blaise Pascal: Miracles and Reason.* London: Reaktion Books.

Descartes, R.(1929). *A Discourse on Method.* Trans. by John Veitch. London: J. M. Dent & Sons.

Pascal, B.(1995). *Pensées and Other Writings.* Trans. by Honor Levi. Oxford: Oxford University Press.

Shanley, B.(2002). *The Thomist Tradition.* Dordrecht: Springer Science+Business Media.

Ziemke, T.(2004). 'Embodied AI as Science: Models of Embodied Cognition, Embodied Models of Cognition, or Both?' In *Embodied Artificial Intelligence: International Seminar Dagstuhl Castle*, Germany, July 2003. Edited by Fumiya Ida, Rolf Pfeifer, Luc Steels, and Yasuo Kuniyoshi. Berlin: Springer-Verlag.

# 04
# 말하는 우상과 오토마타: 생명을 담은 인형의 금기

영혼이 자연적 힘이라면 자연과학의 힘으로 인간 영혼을 창조할 수도 있으리라는 바람이 근대 초기 연금술로부터 엿보이기 시작한다. 영혼을 담은 인형 혹은 우상 창조에 대한 그리스도교 성서(요한계시록)의 경고에도 불구하고 보캉송 같은 계몽주의자들은 합리적 이성에 입각한 기술의 힘으로 이 금기를 범하려 했다.

## 영혼에서 영성을 제거하기

근대 초기 불붙었던 데카르트와 파스칼의 논쟁, 즉 영혼의 핵심이 이성인가 심정인가에 대한 논쟁은 시간이 지나면서 전자의 우세로 기울어졌다. 여기에는 여러 이유가 있었는데, 가장 결정적으로는 이신론(deism)이 득세하면서 인간의 사고 또한 기계적으로 작동한다는 믿음이 넓은 공감대를 형성했기 때문이다. 요하네스 케플러(Johannes Kepler), 로버트 보일(Robert Boyle), 아이작 뉴턴(Isaac Newton)의 자연철학은 정밀하게 맞물린 물리학 법칙 외에 우주를 움직이는 원인은 존재하지 않는다는 전제를 가지고 있었다(Gök, 2018: 4). 정밀한 기계적 물리 법칙, 그 외에 어떤 것으로도 이 세계와 인간을 설명할 방법은 없다는 것이 그들의 신념이었다.

여담으로 뉴턴이 이 소신을 잠시나마 철회한 적 있었는데 이는 그가 1720년 사우스 시 컴퍼니(South Sea Company) 주식 버블 당시 투자 실패로 자신이 투입한 자금 전체(1만~2만 파운드, 오늘날 가치로 약 2천만 달러, 한화로 약 270억 원)를 날렸을 때였다. 일설에는 그때 뉴턴이 다음과 같은 말을 남겼다고 한다. “나는 천체의 움직임을 측정할 수 있지만, 인간의 광기는 측정할 수 없다.” 이 말이 실제 뉴턴이 했던 말인지는 확인된 바가 없다. 하지만 그가 자신의 물리학 지식으로도 투기 심리의 본모습을 제대로 파악하지 못했던 것은 분명해 보인다. 그렇다고 뉴턴이 궁핍하게 살았던 것은 아니다. 6년 후 그가 세상을 떠났을 때 뉴턴의 재산은 약 3만 파운드(오늘날 가치로 약 3천만 달러, 한화 약 410억 원)에 달했다(Carlson, 2020: 134).

비록 말년에 주식 투자에 실패하긴 했어도 뉴턴의 학문적 위대함이 빛을 잃는 일은 없었다. 그가 내세운 이신론적 세계관은 18~19세기 계몽주의자들의 사상에 지배적인 영향력을 행사했다. 그런데 당시에도 그랬지만 뉴턴이 전문적인 연금술 연구자였다는 사실은 세간에서 그리 큰 주목을 받지 못했다. 뉴턴은 근대 초기 연금술사들 사이에서 전설처럼 회자되던 '현자의 돌(philosopher's stone)'에 관심을 가졌다. 그는 값싼 금속으로 금을 만들어 내는 데 필요한 물질과 원리를 찾으려 노력했고 이를 "비밀스러운 불(secret fire)"이나 "모든 물질의 물질적 영혼(material soule of all matter)"이라고 불렀다(Newman, 2019: 1). 이 표현은 뉴턴이 영혼이라는 것을 물질에 속한 것, 자연 법칙을 주관하는 어떤 힘이나 원리 같은 것으로 생각했다는 것을 보여 준다. 만물에 영혼이 담겼다는 생각을 보자면 영혼 개념은 다시금 고대 애니미즘이나 플라톤주의로 돌아가는 듯하지만 뉴턴이 생각했던 영혼 개념은 그보다 더 물질적이다. 그것은 물질을 떠나 존재할 수 없고 물질의 작용 그 자체로서 그 힘을 드러낸다. 그러니 뉴턴이 말한 "물질적 영혼"이란 철학적으로 따져 보면 아리스토텔레스가 해명한 영혼 개념에 더 가깝다고 볼 수 있다.

계몽주의자들은 전통적인 영혼 개념에 기대지 않더라도 그것을 파악하고 다스릴 수 있다고 생각했다. 굳이 초감성적이거나 그리스도교적인 영혼을 생각할 것 없이 명백한 지적 원리만 갖춘다면 그것이 곧 과거 서구인들이 말하던 영혼이라는 생각이 다수의(모두는 아니더라도) 계몽주의자들 사이에서 공감대를 형성했다. 이렇게 전통적인 영혼 개념에서 종교적 영성이 제거된 기계적, 물리학적 영혼 이해를 대표하던 이들 가운데는 프랑스의 발명가이자 예술가였던 보캉송(1709~1782)이 포함되어 있었다.

## 영혼, 생체 기계의 작동 원리

"철학자란 다른 사람들처럼 인간 기계(human machine)지만, 철학자로서의 기계적 구성에 따라 그 자신이 작동하는 방식들에 대해 깊이 생각해 보는 그런 기계다. …

그러니 철학자란, 말하자면, 시시때때로 스스로 태엽을 감는 시계다"(Du Marsais, 1743: 174-175). 이 말은 1730년 프랑스의 철학자이자 문법학자 세사르 뒤 마르세(César Du Marsais)가 한 소책자에 적은 것이다. 이러한 사고는 파스칼 영혼론은 물론이고 데카르트의 영혼론마저 넘어서는 급진적인 것이었다. 데카르트는, 비록 인간 영혼의 진체(眞體)를 이성으로 지목해 영혼의 자연적 성격을 강조하기는 했어도, 연장된 실체인 일반 사물과는 엄밀하게 구분해서 영혼이 지닌 고유한 인격성을 보호하려 했다. 하지만 뒤 마르세 식의 인간 이해는 인간의 영혼 혹은 정신이 애초 하나의 생체 기계인 몸의 작동의 원리나 결과일 뿐 그 본모습은 물질에 불과하다고 가르쳤다. 1747년에는 프랑스 의사 쥘리앙 오프레 드 라메트리(Julien Jean Offray de La Mettrie)가 라 마르세와 유사한 인간 이해를 담은 『인간기계론(L'Homme Machine)』을 발표했다. 이 시기 계몽주의자들은 인간을 생체 기계로 보는 시각이 가장 앞선 인간 이해 방식이라고 여겼던 것이 분명해 보인다.

보캉송은 여기에서 한 발짝 더 나아갔다. 1709년 프랑스 남동부의 도시 그르노블(Grenoble)에서 태어난 그는 리옹에서 기계공으로 일하다가 1734년에 파리로 상경해

정착했다. 여기서 보캉송은 파리의 의사, 식물학자들이 모여 토론하고 연구하던 자르댕 뒤 로이(Jardin du Roi)에서 몇 년 동안 해부학 수업을 들었다. 보캉송은 인체 해부에 큰 관심을 가졌고 순환계, 근육, 소화계, 배설 기관, 호흡 체계의 작동 원리를 배웠다. 이 시기를 기점으로 보캉송은 인체 작동 원리를 그대로 구현하는 인간형 오토마타(automata, 자동기계) 제작을 일평생 꿈꾸게 된다(Bertucci, 2017: 194).

1738년, 기술적 준비를 어느 정도 마친 보캉송은 플루트 연주자, 음식물을 먹고 소화하는 오리, 탬버린 연주자, 이렇게 세 점의 오토마타를 제작해서 발표했다. 그리고 이 오토마타는 유럽 전역에 센세이션을 일으켰다. 이 작품들은 사실 오토마타라고 부르기에도 매우 조악한 성능을 갖고 있기는 했지만 어쨌든 기계로 생체 작용을 구현한다는 의미에서는 뜻깊은 발명품이었다고 볼 수 있다. 자신의 작품이 얻은 대중적 인기에 고무된 보캉송은 3년 후인 1741년, 왕립학회인 소시에테 로얄 드 리옹(Société Royale de Lyon)에 인간형 오토마타 제작 프로젝트를 제안했다. 그는 제안서에서 인간의 혈액 순환, 호흡, 소화, 근육 동작, 힘줄, 신경의 작동 원리를 모방해서 의학 지식 증진에 도움을 줄 수 있는 자동기계를 만들

겠다는 포부를 밝혔다. 이 프로젝트는 무려 20년 넘게 실현되지 못하다가 1762년 프랑스 국왕 루이 15세의 지원을 받아 내는 데 성공했다.

사실 보캉송이 제시했던 오토마타 제작의 현실성을 당시 학자들이 모두 수긍했던 것은 아니다. 하지만 보캉송이 국왕의 지원을 끌어낼 수 있었던 데는 당시 프랑스 산업계를 둘러싼 정치적 상황이 큰 도움을 주었다. 프랑스 왕가는 영국에서 막 시작된 산업혁명에 경각심을 가지고 프랑스 산업의 자동화, 기계화에 큰 관심을 보이고 있었다. 보캉송은 오토마타 제작을 평생의 숙원으로 삼았지만 한편으로는 기술공이자 발명가로서 영국의 기술자들보다 26년이나 앞서 실크 직조기를 발명한 인물이기도 하다. 실크 직조 산업은 당시로서 기술과 자본이 집약된 최첨단 산업이었다. 그러니 보캉송은 프랑스 산업계의 자동화, 기계화의 아이콘 같은 인물이었던 것이다. 이런 보캉송의 프로젝트에 왕실이 투자한다는 것은 곧 프랑스 정부가 기존 수공업자들의 반발을 무시하고 산업의 기계화를 전폭적으로 지원한다는 정치적 입장을 표명하는 것과 같았다(Bertucci, 2017: 196).

이 프로젝트의 결과물, 즉 보캉송이 새로 만든 오토마타에 대해 역사적으로 알려진 것은 없다. 이는 아마도 그가 만든 작품이 그의 포부만큼의 성능을 보여 주지 못한 매우 실망스러운 결과물이었기 때문이었을지도 모른다. 하지만 보캉송의 오토마타 제작 도전기는 당시 계몽주의자들 사이에서 공유되고 있던 기계적 인간 이해, 기계적 영혼 이해를 명료하게 보여 주는 대표적 사례로 내세우기에 부족함이 없다. 과거 우주의 신들 혹은 그리스도교의 신으로부터 내려진 초감성적, 초월적 존재인 영혼에 대한 믿음은 이제 사회 일각으로부터, 당대 최고의 지식인들로부터 완전하게 부정된다. 대신 육체의 물리적, 기계적 작동 원리가 발휘되도록 생체 기계에 자연스럽게 깃드는 정신적, 지적 능력이 영혼이라는 기계론적 영혼 이해가 이른바 '배운 이들'의 마음에 확고하게 자리 잡기 시작했다. 보캉송의 오토마타는, 실제 성능이야 어쨌든 간에, 종교적 인간 이해에 대한 '계몽된' 사고의 승리를 표시하는 하나의 증표로 인식되었다.

## 영혼 창조, 종교적 금기에 도전

인간의 영혼을 기계적 작동 원리와 동일시하고 그것을 기술적으로 구현해 내는 데 힘을 쏟는 세태는 일반 대중이 인공지능 휴머노이드 개발의 작은 진전에도 일희일비하는 오늘날에도 크게 달라진 것이 없다. 테슬라의 옵티머스 젠2로 대표되는 현재 인공지능 휴머노이드 개발 노력의 결실은 인류 문명에 새로운 이정표를 제시하는 혁명적 사건으로 지목되곤 한다. 20세기까지 주로 신체 능력과 지성 없는 도구에 의존해 온 인간이 비로소 지성을 가진 인간형 기계를 제작해 냈다는 생각, 그리고 이것이 인류를 새로운 인간성 비약의 시대(트랜스휴먼의 시대)로 이끌 것이라는 바람에 관해서는 18세기 계몽주의자들이나 오늘날의 기술만능주의자들, 특이점주의자들 사이에 별다른 차이가 없다.

다만 계몽주의자들의 영혼과 신체에 대한 이해의 폭이 현재의 인공지능 휴머노이드 개발자들보다 훨씬 협소했다는 점은 짚고 넘어갈 필요가 있다. 또한 계몽주의자들은 오늘날 인공지능 연구자들과는 비교도 할 수 없을만큼 강하게 그리스도교 교의와 교회의 권위를 의식했다. 보캉송을 비롯한 당대의 계몽주의자들은 그리스도교 교의가 지정한 금기에 도전하는 데 큰 열망과 희열을 느꼈다. 이것은 급진적 세속화로 교회의 사상적 영향력이 크게 약화된 오늘날 기술 문명의 정황에서는 별로 중요하게 여겨지지 않는 동기일 것이다.

하지만 지성을 가진 영혼 창조가 오로지 신만 행사할 수 있는 권능이라는 믿음이 지배적 정서를 이루고 있던 시절에는 이 과업에 도전하는 것이 곧 자신을 신과 비슷한 존재로 승격시키는 일이라고 여겼던 이들이 여럿 존재했다. 16세기 초의 연금술사 파라켈수스(Paracelsus)는 인공적으로 만든 작은 인간, 호문쿨루스(homunculus)라는 개념을 처음 창안한 인물이다. 현대인의 눈으로 보자면 그의 연금술과 생물학 이론은 유사과학을 넘어 거의 마술에 가깝게 느껴지는 부분도 있지만 당시만 하더라도 상당수의 의사와 연금술사들이 그의 이론을 진지하게 수용, 계승, 발전시켰다.

호문쿨루스의 창조 방법은 끔찍하리만큼 기괴하다. 남성의 정액을 플라스크에 넣은 뒤 밀봉해 40일 동안 말의 똥 안에서 숙성시키면 몸이 아직 없는 투명한 형체의 사람이 나타나기 시작한다. 이때 인간의 피 속에 담긴 신비한 성분을 40주 동안 양분으로 주면 보통의 사람보다 훨씬 작은 인간, 호문쿨루스가 탄생한다는 것이 파라켈수스의 설명이다(Newman, 1999: 329). 인간을 생체 기계로 보는 계몽주의자들의 사고는 이런 식으로 인간의 기술을 통해 생명의 신비를 밝혀내려는 연금술적 사고에서 그 기원을 찾을 수 있다. 파라켈수스의 호문쿨루스라는 아이디어는 독일의 요한 볼프강 폰 괴테(Johann Wolfgang von Goethe)가 쓴 『파우스트』에도 차용되고,

영국의 메리 셸리(Mary Shelley)가 쓴 『프랑켄슈타인』에도 큰 영향을 준 것으로 여겨진다.

파라켈수스와 그의 후계자들은 호문쿨루스 창조가 물질 세계에 대한 인류의 지식을 낮은 등급의 신의 수준까지 끌어올려 줄 것이라 믿었다. 전능한 그리스도교의 신의 수준에는 이르지 못하더라도 최고 이데아의 내밀한 지혜를 빌려 물질 세계에 형체와 질서를 가져다준 플라톤의 데미우르고스(δημιουργός, demiurgos, 『티마이오스』에 등장하는 형상계의 신으로 오로지 혼돈뿐이었던 물질 세계에 형태와 질서를 부여한 초월적 존재) 수준에는 이르게 해 줄 것이라는 믿음을 갖고 있었다. 또한 인간의 인공적 창조가 인간의 신체에 담긴 비밀스러운 지식들을 명백하게 해명해 줄 것이며 그로 인해 의학 부문에서 비약적인 발전이 이루어질 것이라 믿었다.

현대의 특이점주의자들, 트랜스휴머니즘을 꿈꾸는 이들 역시 비슷한 동기를 가지고 인공지능 개발 동향을 바라보고 있다. 그들에게는 과거 연금술사나 계몽주의자들 같은 종교적 금기 도전 열망은 없지만 이전에 오직 신만이 해결해 줄 수 있을 것이라 믿었던 많은 문제들(특히 불치병 극복과 수명의 무한한 연장)을 인공지능 기술의 지수함수적 발전이 해결해 줄 것이라는 바람을 갖고 있다. 이는 인간이 생체 기계이기 때문에 인간을 물리적으로 속속들이 파헤칠 수 있고 그 존재 원리를 기술적으로, 인공적으로 구현해 낼 수 있다는 믿음에 기초를 두고 있다. 물론 오늘날 인공지능 기술 발전을 낙관적으로 바라보는 이들은 과거 보캉송이나 계몽주의자들과는 달리 생체 기계로서 인간의 지성, 영혼, 그리고 신체가 얼마나 복잡하고 중층적인 기능과 특성, 재료들로 이루어져 있는지를 충분하게 인지하고 있다. 그래서 인간 인격과 신체를 모방해서 구현한다는 것이 얼마나 어렵고 도전적인 과제인지 잘 알고 있다. 그렇지만 트랜스휴머니즘이나 특이점주의자들은 인류가 그 크나큰 어려움마저 극복할 만한 기술 발전을 머지않은 미래에 반드시 이룩할 것이라는 확고한 신념을 가지고 있다. 보캉송의 오토마타는 이런 기술만능주의적 인간이해 방식이 이미 르네상스와 계몽주의 시대 지성들 사이에 깊게 뿌리내리고 있었다는 사실을 입증한다.

### 참고문헌


Bertucci, P.(2017). *Artisanal Enlightenment: Science and the Mechanical Arts in Old Regime France*. New Haven: Yale University Press.

Carlson, B.(2020). *Don't Fall for It; A Short History of Financial*

*Scams.* Hoboken: John Wiley & Sons.

Gök, H.(2018). *Atheism or Theism?: The Perspective of Saïd Nursi.* Eugene: Wipf and Stock.

Newman, W.(1999). 'The Homunculus and His Forebears: Wonders of Art and Nature'. In *Natural Particulars: Nature and the Disciplines in Renaissance Europe.* Eds. Anthony Grafton and Nancy Siraisi. Cambridge: MIT Press.

## 05
# 튜링과 다트머스: 모든 것이 가능한 기계

튜링(1912~1954)과 다트머스 회의(1956)에 참석했던 수학, 심리학, 전기공학 전문가들은 과거 계몽주의자들보다 훨씬 더 진보된 기술을 활용해서 기계에 영혼을 담으려 했다. 물론 이들이 생각한 영혼은 초자연적 힘이 아니라 인간 이성의 자연적이고 고등한 사고 능력이었다. 이로써 기계와 영혼 융합의 학문적 기반이 마련되었다.

## 튜링 기계: 말하는 계산 기계의 개념 정립

19세기 서구 수학은 말 그대로 눈이 부실 지경으로 찬란한 발전 가도에 들어섰다. 유럽 각국에서 진행 중이던 산업혁명과 민족주의 발흥이 수학자들에게 극한의 경쟁의식을 심어 놓았다. 특히 프랑스와 독일, 그리고 영국 수학자들 사이의 경쟁이 매우 치열했다. 나폴레옹 전쟁(1803~1815), 프로이센-프랑스 전쟁(1870~1871), 그리고 해외 식민지 확보 경쟁 때문에 불구대천의 원수가 된 세 나라의 정치적 관계는 해당 국가의 수학계에도 끝을 알기 힘든 라이벌 의식을 심어 주었다. 그 덕분에 오귀스탱 루이 코시(Augustin-Louis Cauchy, 프랑스, 1789~1857), 카를 바이어슈트라스(Karl Theodor Wilhelm Weierstraß, 독일, 1815~1897)의 수학적 해석학, 카를 프리드리히 가우스(Carl Friedrich Gauss, 독일, 1777~1855), 루이 푸앵소(Louis Poinsot, 프랑스, 1777~1859)의 유클리드 기하학, 조지 불(George Boole, 영국, 1815~1864)의 논리 연산, 베른하르트 리만(Bernhard Riemann, 독일, 1826~1866)의 타원기하학과 리만 가설, 게오르크 칸토어(Georg Ferdinand Ludwig Philipp Cantor, 독일, 1845~1918)의 무한 이론 등, 현대 수학의 기초를 이루는 이론과 가설 대다수가 이 시기에 발표되었다. 20세기 초의 수학은 이 19세기 수학의 유산을 이어받아 증명하고 발전시키면서 거기에 철학적 사유를 융합하는 데만도 바쁠 지경이었다. 그 정도로 19세기 수학자들이 후대에 남긴 사유의 유산은 풍족했다. 고틀로프 프레게(Friedrich Ludwig Gottlob Frege, 독일, 1848~1925), 다비트 힐베르트(David Hilbert, 독일, 1862~1943), 버트런드 러셀(Bertrand Russell, 영국, 1872~1970) 같은 이들은 이런 수학적 유산과 업적에 힘입어 19세기와 20세기 수학의 가교 역할을 맡았다.

컴퓨터공학 창시자 튜링(1912~1954)은 이렇게 서구 수학의 주요 기초 이론이 대부분 정착된 상황에서 수학계로 뛰어든 인물이다. 오늘날에는 튜링의 이미지가 워낙 디지털 컴퓨터 개념의 창시자로 굳어져서 그의 전문 분야가 마치 컴퓨터공학인 것처럼 여겨지는 경향이 있다. 물론 그가 인류 역사상 최초의 전문 컴퓨터공학자라는 사실을 부정할 수는 없지만, 1936년 튜링 기계 개념을 처음 고안해 발표했을 때만 해도 튜링은 분명 순수 수학(pure mathematics) 연구자였다. 튜링 기계(Turing machine) 역시 원래는 힐베르트의 결정 문제(decision problem) 해결을 위한 방편으로 고안된 개념이다(Murty and Fodden, 2019: 73). 튜링이 처음부터 디지털 컴퓨터를 개발하려는 생각으로 튜링 기계 개념을 고안한 것은 아니었던 셈이다. 하지만 그는 1940년대 2차대전 기간 중 영국 블레츨리 파크(Bletchley Park) 소재 정부 암호 학교(Government Code & Cipher School)에서 독일군의 전자 기계식 암호 장치 에니그마 해독 작업에 참여한 뒤로 생각이 많이 바뀐 듯하다. 이 시기 튜링은 에니그마 해독에서 중추적인 역할을 담당했다. 물론 이 일은 튜링 혼자서 해낸 일은 아니고 블레츨리 파크의 수많은 암호 해독가들, 그리고 연합국 각국의 암호 해독 기관들(특히 폴란드 암호국과 미국 해군)의 협력으로 이루어진 일이다. 하지만 에니그마 해독에 특화된 전자 기계식 계산기 봄브(Bombe)의 최초 설계는 분명 튜링의 손에서 이루어진 일이다(Hodges, 2004: 5).

튜링의 봄브는 여러 차례 개량을 거쳐 독일 해군의 에니그마를 해독해 내는 핵심 도구로 채택되었다. 이때의 경험 덕분인지 전쟁이 끝난 후인 1950년, 튜링은 그가 집필한 것 중 가장 유명한 논문인 "계산 기계와 지능(Computing Machinery and Intelligence)"을 발표한다. 이 논문에서 튜링은 순수 수학 연구자가 아니라 응용 수학, 컴퓨터공학, 그리고 철학적 인식론 연구자로서 인간의 지능에 대한 독특한 논변을 시도한다. 이 논문은 대중적으로는 '이미테이션 게임(imitation game, 인간이 자연어 처리 능력을 가진 컴퓨터와 대화할 때 컴퓨터와 대화 중이라는 사실을 알아차릴 수 있는지 없는지 검증하는 사고 실험)'으로 유명해졌지만, 인식론이나 인지과학 연구자들 사이에서는 물리적 기호 체계 가설(physical symbol system hypothesis)의 기초가 되는 새로운 지능 개념을 제시했다는 점에서 더 크게 주목받는다. 물리적 기호 체계 가설이란 물리적 형태를 가진 정교한 기호들의 체계(가장 대표적인 예로 언어나 수학식)를 능숙하게 조작할 수 있는 능력이 곧 지능의 본모습이라는 인지 이론이다. 이 가설대로라면 인간이 충분히 인정할 만한 대화 능력을 가진 기계는 인간과 마찬가지로 지능을 가졌다고 인정할 수 있다. 왜냐하면 그 대화 능력은 인간이든 기계든 둘 다 논리적 추론과 수학적 계산을 통해 구현해낸 것이기 때문이다. 이런 사고방식은 연장된 실체에 대한 기하학적 계산이 곧 사물을 인지하는 데서 가장 정확하고 유효한 방안이라는 데카르트의 주장과 흡사하다. 튜링이 제안한 이미테이션 게임은 결국 기계나 인간이나 논리적 추론과 수학적 계산을 통해 기호 체계를 다뤄서 세계를 인지하고 사고를 수행한다는 것을 입증하는 사고 실험이다(Turing, 1950: 435~436). 튜링은 블레츨리 파크에서 봄브를 개발하고 운용하는 동안 자신의 계산 기계가 적의 비밀 정보들을 해독해 내는 것을 수년간 지켜보면서 기계에 감정을 이입하거나 기계를 의인화하는 데 익숙해졌을지도 모른다. 혹은 봄브의 강력한 암호해독 능력에 매료된 나머지 그 계산력을 인간의 지능으로 치환해 생각했을 수 있다. 이유야 어쨌든 튜링은 1950년 자신의 논문을 통해 인류 최초로 기계적으로, 수학적으로 구현한 인공적 지능이라는 개념을 창안했고, 이는 얼마 지나지 않아 대서양 너머 미국의 수학자들에게도 커다란 지적 자극을 선사한 것으로 보인다.

## 다트머스 회의: 인공지능의 본격적 개념화

영국은 디지털 컴퓨터와 인공지능 개념을 실질적으로 창안한 튜링의 모국인 동시에 최초의 디지털 컴퓨터 콜로서스(Colossus, 1944년 블레츨리 파크에서 독일군의 에니그마 암호보다 한 단계 발전한 로렌츠 암호를 풀기 위해 새로 개발한 암호 해독용 컴퓨터)의 개발국이었다. 하지만 2차 대전 종전 후 영국은 컴퓨터와 사고하는 기계 연구의 주도권을 곧 대서양 너머 미국에게 넘겨주어야 했다. 여기에는 두 가지 이유가 있었다. 첫째는 튜링이 1950년 그의 기념비적 논문을 발표한 지 불과 4년 뒤

비극적인 사고로(자살이었는지 비극적 사고였는지는 불분명하지만) 세상을 떠난 것이다. 둘째는 2차 대전 중 대영제국이 세계 패권국 지위를 상실하면서 전 세계 최고의 연구 인력들이 더 이상 영국을 찾지 않고 미국에 정착했기 때문이다.

미국도 콜로서스보다는 조금 늦었지만 그보다 더 발전한 형태의 디지털 컴퓨터 에니악(ENIAC)을 개발해서 1945년부터 사용해 왔고 이를 바탕으로 컴퓨터공학 발전의 기초를 빠르게 쌓아 올리고 있었다. 그 선두에는 헝가리 출신 미국 수학자 존 폰 노이만(John von Neumann)이 있었다. 폰 노이만은 1930년대 후반 처음 튜링 기계 개념을 접하고 큰 흥미와 관심을 보였다. 이후 그는 1945년 미국에서 개발된 에니악 소식을 듣고 이 새로운 계산 기계의 수학적, 논리적 작동 원리를 파헤친 다음 '폰 노이만 구조(Von Neumann architecture)'라고 불리는 더욱 효율적인 튜링 기계 구현 방안을 마련했다. 이후 그는 튜링 기계 관련 연구를 계속했지만 1957년 췌장암으로 세상을 떠났다. 그의 유지는 프린스턴 대학교 수학박사 존 맥카시(John McCarthy)에 의해 이어졌다. 맥카시는 1948년 가을 캘리포니아 공대(Caltech) 수학과 학부생 시절 처음으로 폰 노이만을 만났다. 캘리포니아 공대에서 개최된 "뇌 기제와 행동에 대한 심포지엄(Symposium on Cerebral Mechanisms and Behavior)"에서 인간의 두뇌와 컴퓨터를 비교하는 폰 노이만의 발제를 들은 맥카시는 컴퓨터공학에 매료되었다. 이에 그는 폰 노이만이 교수로 재직하고 있던 프린스턴 대학교 대학원 수학과에 진학해 편미분 관련 연구로 수학 박사 학위를 받았다(Ida, 2024: 17). 이후 맥카시는 자신과 마찬가지로 프린스턴 대학교에서 수학 박사 학위를 받은 마빈 민스키(Marvin Minsky)와 함께 록펠러 재단(Rockefeller Foundation)에 인간의 지능을 구현하는 새로운 기술에 대한 컨퍼런스 개최 지원을 요청했다. 이때 그는 지원서에 역사상 처음으로 "인공지능(artificial intelligence)"이라는 용어를 사용했다. 이 요청이 받아들여져 그는 재단으로부터 받은 13,500달러를 가지고 1956년 여름, 뉴햄프셔주 해노버의 다트머스 대학교(Dartmouth College)에서 인공지능 구현 방향성을 모색하기 위한 수학, 컴퓨터공학 컨퍼런스를 개최했다. 다트머스 대학교가 개최지로 선정된 이유는 당시 맥카시가 이 학교에서 수학과 조교수로 일하고 있었기 때문이다. 컨퍼런스 자체는 성공적으로 진행되었지만 맥카시는 아직 자신의 명성이나 조직 역량이 이런 연구 협력을 이어 나가기에 역부족이라고 생각해서 폰 노이만에게 도움을 구하려 했다. 그러나 폰 노이만은 얼마 지나지 않아 병으로 사망했다(Ida, 2024: 24).

결국 맥카시와 민스키를 비롯해서 다트머스 인공지능 컨퍼런스에 참석했던 너새니얼 로체스터(Nathaniel Rochester), 클로드 섀넌(Claude Shannon), 앨런 뉴얼(Alan Newell), 허버트 사이먼(Herbert Simon) 같은 수학자들이 이후 약 30~40여 년 동안 인공지능 연구의 주역으로 활약했다. 이들은 꽤 오랫동안 만능 튜링 기계를 실제로 구현하는 컴퓨터와 소프트웨어 개발에 주력했고, 무엇보다도 이미테이션 게임을 통과하는 인공지능 개발에 집착하는 모습을 보였다. 그렇지만 이들의 시도는 거의 모두 실패로 돌아갔다. 최초 인공지능 연구자들은 미국 컴퓨터공학계에 두 번의 인공지능 개발 붐을 일으키는 데서 주도적인 역할을 담당했지만 결국 이렇다 할 성과를 거두지 못해 두 차례의 '인공지능 겨울'이 도래하는 것을 지켜봐야만 했다.

사실 다트머스 인공지능 컨퍼런스 참가자들의 실패 경험이 전혀 쓸모가 없었던 것은 아니다. 마치 연금술사들의 실패가 모여 오늘날 화학의 기초를 이룬 것처럼, 이들의 실패가 쌓여 인공지능 기술의 무게중심이 기계학습 쪽으로 옮겨질 수 있었다. 그렇지만 이들이 계승한 튜링식 지능 개념, 물리적 기호 체계를 다룰 수 있는 능력이 곧 지능의 본질이라는 생각에 커다란 허점이 있었다는 사실은 부정하기 어렵다. 인간의 지능은 논리적, 수학적으로 조성된 언어 능력만 가지고 구현해 낼 수 있을 만큼 단순하지 않다는 사실이 맥카시와 민스키를 비롯한 초기 인공지능 개발자들의 거듭된 시도와 실패를 통해 명백하게 밝혀졌다.

## 만능 튜링 기계: 이미테이션 게임의 의의

20세기 중반, 튜링과 다트머스 인공지능 컨퍼런스 참가자들이 지능 개념을 새롭게 재정의할 때만큼 인간 영혼 혹은 인격의 의미 범위가 축소된 때는 없었을 것이다. 영혼이 신체에 의존하지 않는 초월적 존재라는 생각은 이미 계몽의 시대를 거쳐 많이 희석되었다. 하지만 영혼이 인간 신체의 고유한 작동 원리 혹은 생명의 기제라는 아리스토텔레스적 영혼 개념은 18~19세기까지 아직 서구 학계에서 통용되고 있었다. 그러나 20세기에 들어와서는 초자연적, 초감성적 존재로서의 영혼에 대한 믿음은 찾아볼 수도 없었을 뿐 아니라 영혼이 인간의 신체적 생명을 유지하는 특별하고 고등한 힘이자 기제라는 주장 또한 힘을 잃었다. 이는 어쩌면 양차 세계 대전 때문에 인간 본성에 대한 지독하게 냉소적인 견해가 당대 지식인들 사이에 널리 퍼져 있었기 때문일지도 모른다. 인간은 사실 우월한 지성을 가진 특별한 존재가 아니라 그저 기호 체계를 능숙하게 다룰 줄 아는 덕에 더 집요하고 교활하게 자기 생존과 이익을 도모하는 또 다른 짐승에 불과하다는 생각이 서구 학계 전반에 퍼져 나가고 있었다.

이 시기 인공지능 연구자들 입장에서는 기계도 인간 수준으로 능숙하게 말할 수 있다면 인격에 준하는 지능이라고 인정하지 않을 이유가 없었다. 아니, 차라리 기계가 인간보다 더 낫게 보일지도 몰랐다. 기계는 권력욕과 증오에 휘말려서 서로를 죽여 대지는 않기 때문이다. 물론 20세기 중반 당시에도 인공지능의 비인간성에 대한 우려가 전혀 존재하지 않았던 것은 아니다. 1968년의 영화 〈2001 스페이스 오디세이(2001: A Space Odyssey)〉에서는 우주선 디스커버리호의 운항을 제어하는 인공지능 HAL 9000이 등장한다. 이 인공지능은 냉철하고 논리적인 추론에 따라 인간 승무원들을 우주선 항해 목적 달성의 장애 요인으로 판단해서 하나씩 살해한다. 주어진 명령 수행을 위해 인간을 희생시키는 것에 아무 거리낌을 갖지 않는 냉혹한 인공지능이라는 설정은 이후 수많은 인공지능 관련 영화, 드라마에 차용되었다.

하지만 튜링과 다트머스 인공지능 컨퍼런스 참가자들이 꿈꿨던 인공지능의 앞날에 이런 살인마 인공지능의 출현 가능성은 포함되어 있지 않았다. 그들의 시각으로는 인간처럼 사고할 줄 알면서 수학적, 논리적으로 합리적인 판단만을 수행하는 인공지능은 그 절대적 합리성 때문에 결코 인류 공통의 가치나 윤리를 어기는 우를 범할 수가 없었다. 그리고 언어를 정복한다는 것은 곧 인간이 상대하고 처리하는 모든 일에 대한 유연한 대처 능력을 갖는 것으로 여겨졌기 때문에 인공지능이 대처할 수 없는 인간의 문제는 존재하지 않는 것으로도 생각되었다(Simon and Newell, 1958: 6).

인공지능이 튜링 테스트를 통과할 만한 자연어 처리 능력을 가진다면 인간의 모든 문제를 해결할 수 있을 것이라는 신념은 오늘날 더 이상 통용되지 않는다. 이 생각에 여러 가지 허점이 존재한다는 사실이 익히 확인되었기 때문이다. 그중 가장 큰 허점은 물리적 기호 체계 가설이 인간의 지능을 구문 활용 능력으로 단순화해서 정의했다는 점이다. 미국의 심리철학자 존 설(John Searle)은 중국어 방 논증(the Chinese room argument)을 통해 언어의 구조와 형식(syntax)만 능숙하게 다룬다고 해서 언어 내용을 이해하고 의미와 가치를 부여하는 의미화

(semanticization) 능력을 갖추는 것은 아니라고 주장했다(Searle, 1988: 356). 사실 튜링이나 맥카시, 민스키 등이 시도한 지능 구현 프로젝트는 인간의 영혼에 대한 사유의 역사에서 기계와 인간 영혼을 가장 대등한 수준으로 대우한 장면이라고 볼 수 있다. 인간의 영혼, 사고, 혹은 인격이라는 것이 이미 극한으로 발전한 수학적 통찰에 힘입어 속속들이 파헤쳐져 있으므로 그것을 기술적으로 구현하는 일 또한 크게 어렵지 않으리라는 생각이 컴퓨터공학 선구자들 사이에 퍼져 있었다. 이는 그만큼 인간 영혼의, 사고의, 혹은 인격의 가치가 크게 낮아진 상태라는 것을 의미한다. 인간의 지능에서 영성과 신체성은 이미 떨어져 나갔다. 지능에는 더 이상 어떠한 신비감도 남아 있지 않았다. 인간은 기계보다 못한 수준의 객관성이나 합리성을 갖춘 오류투성이 계산 기계일 뿐이었다. 그런 인간을 구원하기 위해 필요한 것은 인간보다 월등히 합리적이고 빠른 계산이 가능한, 그러면서 영구적인 기억 기능을 갖춘 인공지능밖에는 없다는 신념이 초기 인공지능 연구자들의 연구 열의를 불타오르게 했다.

## 참고문헌

Hodges, A.(2004). 'Alan Turing: An Introductory Biography'. In

*Alan Turing: Life and Legacy of a Great Thinker.* Berlin: Springer-Verlag.

Ida, M.(2024). *A Narrative History of Artificial Intelligence: The Perpetual Frontier of Information Technology.* Singapore: Springer Nature Singapore.

Murty, M. R., & Fodden, B.(2019). *Hilbert's Tenth Problem: An Introduction to Logic, Number Theory, and Computability.* Providence: American Mathematical Society.

Searle, J.(1988). 'Minds, Brains, and Programs'. In *The Mind's I: Fantasies and Reflections on Self and Soul.* Edited by Douglas R. Hofstadter and Daniel C. Dennett. New York: Bantam Books.

Simon, H., & Newell, A.(1958). Heuristic Problem Solving: The Next Advance in Operations Research. *Operations Research* 6(1). 1-10.

Turing. A.(1950). Computing Machinery and Intelligence. *Mind: A Quarterly Review of Psychology and Philosophy* 59(236). 433-460.

# 06
# 아톰과 마징가 Z: 공생공존의 알레고리

동아시아의 사이버네틱스, 로보틱스 선진국 일본은 전통 종교 신토의 물활론에 따라 기계에 영혼이 깃드는 것을 자연스러운 일로 받아들였다. 『아톰』과 『마징가 Z』에서 로봇에 인간 영혼을 이전하거나 융합하는 설정은 인공지능의 인격성에 대한 일본인들의 거부감 없는 신뢰를 대변한다.

## 철완 아톰: 일본의 인공지능 인식

일본에서 '인공지능'이라는 용어가 대중적으로 회자되기 시작한 것은 1980년대 중반 일본 사회에 개인용 컴퓨터가 전면 보급되면서부터였다. 이 시기 인공지능 기술은 일본의 컴퓨터 관련 신문이나 잡지에서 매번 핵심 이슈로 다뤄졌다(Callon, 1995: 140). 하지만 이전부터도 인공지능에 대한 개념 자체가 일본인들에게 그리 낯설게 여겨지지는 않았다. 이는 1952년부터 연재된 데즈카 오사무(手塚治虫)의 만화 『철완 아톰(鉄腕アトム)』 덕분이라고 볼 수 있다. 이 작품은 만화 판매 부수도 대단했지만 애니메이션은 매회 평균 시청률이 30% 이상이었을 정도로 만화보다 훨씬 인기가 많았다. 『철완 아톰』 애니메이션은 1963년도에 방영되기 시작했는데, 당시 일본 사회는 '쇼와(昭和) 30년대(1955~1964년)'라 불리는 고도 경제 성장기를 거치고 있었다. 가정마다 냉장고, 세탁기, 흑백 텔레비전을 처음으로 장만하던 활력 넘치던 시기, 『철완 아톰』은 빠르게 발전하는 일본 과학 기술과 일본 문화 특유의 인간 이해 및 철학의 깊이를 과시하는 작품으로 공전절후의 인기를 얻었다(Sone, 2017: 50).

그 덕분인지 1980년대 일본에 처음 인공지능이라는 서구적 개념이 대중적으로 알려지기 시작했을 때 일본인들은 막연한 거부감을 느꼈다. 왜냐하면 서구 수학자들과 컴퓨터공학자들이 정의한 '지능'과 '인격'이라는 개념이 일본인들의 눈으로 보기에는 다소 기형적이었기 때문이다. 일본의 애니미즘 종교 전통은 사물, 식물, 동물, 그리고 인간 할 것 없이 모두 동격의 영성을 갖고 있다는 믿음을 굳게 붙들고 있었다. 그리고 이 영성의 핵심은 엄밀히 말해 지능이 아니었다. 일본에서 만물이 공유하는 자연적 영성이란 타자 및 주위 환경에 대한 감응력과 조화 의지, 그리고 자기 존재에 대한 강한 애착과 생존 의지라는 뜻으로 받아들여졌다. 일본인들이 생각하는 영혼의 핵심 기능은 지능보다는 그 지능을 일으키는 감성(sensibility)과 감정(emotion)이었던 것이다.

그러므로 일본인들은 이미테이션 게임을 통과할 정도의 지능이 있는 기계는 당연히 그에 못지않은 감성과 감정을 가져야 한다고 여겼다. 이것이 『철완 아톰』 애니메이션의 핵심 메시지를 관통하는 생각이다. 그래서일까, 일본의 인공지능 기술은 유형의 몸을 가진 로봇과의 융합, 그리고 인간의 유연한 언어적 센스와 감정을 배려하는 기술로 발전되었다. 즉 애초부터 일본에서 인공지능 기술이란 인간과 공존하는 친밀한 동반자를 창조하는 기술로 인식되었다(Sone, 2017: 99). 이러한 인식은 일본에서 세계 최초의 휴머노이드 와봇-1(와세다대 이공학부, 가토 이치로 교수팀)과 세계 최초의 직립 보행 가능 휴머노이드 P2(혼다차)가 개발된 사실과 무관하지 않다. 또한 일본의 전문적 인공지능 기술 개발이 퍼지 논리(fuzzy logic) 연구로부터 시작되었다는 사실과도 무관하지 않다.

퍼지 논리란 명제의 참, 거짓을 따지는 이원론적 진리관을 벗어난 수학적 현상 표현 방식으로 컴퓨터가 주관적이고 애매한 표현이나 기준을 인지하고 다룰 수 있도록 기획된 논리 개념이다. 퍼지 논리는 원래 아제르바이잔 출신 미국 수학자 롯피 자데(Lotfi A. Zadeh)가 처음 고안했는데, 이를 실용적으로 활용하는 데 결실을 맺은 것은 1980년대 말 일본의 가전, 로봇 산업계였다. 일본 산업계는 퍼지 논리를 로봇 및 가전제품 제어에 적극적으로 적용해서 사용자에게 더 세밀하게 반응하고 주위 환경에 더 적절하게 대응하는 생산용 로봇과 전자제품을 제작하는 데 성공했다.

일본 학계, 산업계의 인공지능 기술 연구가 이처럼 휴머노이드나 퍼지 논리 중심으로 발전한 사실은 1980년대 이후 일본 산업계가 처해 있던 특수한 경제적 상황과도 밀접한 연관이 있다. 당시 일본은 미국에서 소비되는 경공업 및 중화학공업 제품의 상당 부분을 맡아 생산하던 제조업 대국이었다. 일본의 주요 자동차, 기계, 가전제품 생산 업체들은 노동 생산성을 극대화하는 자동화 로봇 개발에 막대한 노력을 기울이고 있었다(Sone, 2017: 1). 이런 산업적 정황에 더해 일본 전통 애니미즘에 입각한 인격, 영성 이해가 인간과 친밀하게 교감할 수 있는 인공지능 로봇의 개발에 힘을 쏟을 수 있게 만든 원동력이 되었다. 인공지능의 성능이 아직 제대로 성숙하지 못한 시기부터 이미 일본의 컴퓨터공학자들은 인간의 감성과 감정을 가진 로봇 개발의 청사진을 그리고 있었던 것이다.

## 마징가 Z: 인간성으로 완성되는 로봇의 혼(魂)

『철완 아톰』이 일본 사회에 인간다운 인공지능의 이미지를 확립해 주었다면, 『마징가 Z』는 인간의 혼과 로봇 기체의 상호 보완적 결합을 통한 새로운 영적 존재자의 완성이라는 생각을 대중에게 심어 준 대표작이라고 볼 수 있다. 1972년 방영을 시작한 『마징가 Z』는 『철완 아톰』과 마찬가지로 회당 평균 시청률 30%를 넘기며 큰 인기를 얻었다. 이 작품은 일본 애니메이션계에 거대 로봇물 시대를 열었다. 『마징가 Z』에서 눈여겨봐야 할 점은 주인공 카부토 코우지와 마징가 Z의 결합 방식이다. 마징가 Z는 단지 막강한 힘만 갖춘 기체가 아니라 조종사와 영적 감응이 가능한 특별한 로봇이다. 카부토 코우지와 생사를 함께하며 그가 아닌 다른 조종사가 탑승했을 때 발휘할 수 있는 힘이 반감된다. 즉 마징가 Z에게 카부토 코우지는 단지 뛰어난 파일럿일 뿐만 아니라 마징가 Z에 담긴 혼을 활성화시키고 완성하는 인격이다(Brienza, 2013: 485).

그래서 마징가 Z는 기본적으로 냉철하지 않다. 전투 중 자주 격정적이고 비합리적인 행동을 한다. 그럼에도 마징가 Z가 버티고 승리할 수 있는 가장 큰 요인 중 하나는 악당인 닥터 헬, 아수라 남작, 브로켄 백작, 그리고 기계수의 비인격성이다. 기계수들 역시 일종의 인공지능처럼 전투에 필요한 지능을 갖고 마징가 Z를 공격한다. 하지만 온전한 인격, 상식선의 도덕성을 갖춘 파일럿의 정신을 혼으로 삼는 마징가 Z를 이기지 못한다. 애니메이션 속의 이런 설정은 작가인 나가이 고의 인공지능에 대한 인식, 더 나아가 일본인들의 인공지능에 대한 인식을 엿볼 수 있게 해 준다.

사실 서구에서 처음 인공지능 개념을 창안한 튜링과 맥카시, 민스키 등은 애초 인공지능의 도덕성에 대해 따로

걱정 같은 것은 하지 않았다. 최고의 합리성이 최고의 도덕성을 도출할 것이라는 믿음 때문이었다. 오히려 소설 『아이, 로봇(I, Robot)』의 저자 아이작 아시모프(Isaac Asimov)나 〈2001 스페이스 오디세이〉의 감독 스탠리 큐브릭(Stanley Kubrick) 같은 대중문화 창작자들이 인공지능의 도덕성에 대해서 더 염려하고 있었다. 그리고 시간이 지나 물리적 기호 체계 가설의 한계가 드러나면서 전문 인공지능 연구자들 또한 인공지능이 저절로 도덕성을 갖추리라는 생각은 포기하게 되었다.

서구 인공지능 연구자들이 주로 컴퓨터공학, 심리학, 그리고 철학적 인식론의 입장에서 인공지능의 도덕적, 인격적 한계를 발견하고 고민에 빠지게 된 반면, 일본의 인공지능 연구자들은 그들이 오래도록 지켜 온 애니미즘 세계관에 입각해서 처음부터 인공지능이 인간과 충분하게 교감할 수 있는 도덕성과 상식을 갖춘 지능 혹은 인격이 되어야 한다고 믿었다(Katsuno and White, 2023: 300). 이런 믿음이 집약된 로봇이 1999년 발표된 소니의 아이보(AIBO)였다. 세계 최초의 애완용 로봇이라는 타이틀을 차지한 이 로봇은 강아지의 모습을 갖고 있었고 사용자와 지속적인 대화를 통해 커뮤니케이션 능력을 스스로 향상시키는 인공지능을 탑재하고 있었다. 이 로봇은 생각보다 만족스럽지 못한 인공지능 성능과 잦은 고장에도 불구하고 일본의 노년층에 꽤 큰 반향을 불러일으켰다. 실제 애완견을 키우기 힘든 독거 노인들이 아이보를 통해 심리적 위로를 얻었다. 심지어 2017년에는 아이보를 10년 이상 소유하고 있다가 더 이상 수리가 안 되는 지경에까지 이른 노인들이 해당 기체들을 모아 불교 사찰에서 천도재를 치러 주는 일도 있었다(장길수, 2017). 한국 사회에서 혹은 서구 각국에서 도무지 찾아보기 힘든 이런 행태가 유독 일본에서만 자주 목격되는 이유는 무생물이나 로봇에도 영혼이 깃들 수 있다고 믿는 일본 고유의 애니미즘 세계관 덕분일 것이다. 일본 사회에서 인공지능 기술의 지향점은 영혼을 배제한 완벽한 계산 기계가 아니라 오히려 영혼이 깃들기에 충분한 감성과 감정을 담을 수 있는 기계, 그래서 만물과 영적으로 교감할 수 있는 기계라고 볼 수 있다. 특히 인간형 신체를 가진 로봇은 인간 인격을 그 안에 융합해서 담을 수 있어야 완성에 이를 수 있다는 생각이 일본인들 사이에, 그리고 일본 인공지능 로봇 개발자들 사이에 공유되는 신념이라고 볼 수 있다.

## 온전한 영혼을 갖춘 로봇

인공지능에 대한 서구 연구자들과 일본 연구자들의 인식에는 근본적인 차이가 있다. 특히 기계 속 영성과 인격성에 대한 인식에서 확연한 차이를 보인다. 물론 최근 인공지능 발전을 주도하는 국가는 미국이고, 이에 따라 일본 연구자들도 기술적으로는 미국의 기술 발전 동향에 맞춰 인공지능 개념을 재정립해야 하는 실정이다. 그렇지만 순전히 '냉철하고 합리적인' 계산 기계로서의 인공지능은 일본의 대중에게는 여전히 낯선 개념이다.

대중뿐만 아니라 일부 전문 컴퓨터공학, 로봇공학 연구자들에게서도 이런 성향은 확연하게 드러난다. 현재 일본에서 인공지능이나 로봇공학 연구에 전념하는 이들 대부분이 일본 애니메이션 황금기인 1980~1990년대에 학창 시절을 보낸 이들이다. 이들은 가치관과 세계관이 막 정립되던 시기에 일본 전통 애니미즘에 입각한 인공지능과 로봇의 이미지를 접했다(Sugimoto, 2024: 18). 이들이 『철완 아톰』이나 『마징가 Z』를 보며 자란 세대는 아닐지라도 인공지능이나 로봇에 대한 인식에서 그 명맥을 잇는 『은하철도 999』, 『신세기 에반게리온』, 『무한의 리바이어스』 등에 영향을 받은 세대임은 분명하다. 『은하철도 999』에는 선한 인간에 대한 연민을 간직한 인격적 사이보그 '메텔'이 등장한다. 『신세기 에반게리온』에서는 파일럿의 영혼을 흡수하기 위해 만들어진 초대형 인간형 생체 전투병기 '에반게리온'이 활약한다. 『무한의 리바이어스』에는 탑승객들과 교감하며 초대형 전함 리바이어스를 기동할 수 있게 하는 정신체 '네야'가 나온다. 셋 모두 실제 인간의 혼과 인공적으로 만들어진 기계 혹은 생체와의 결합을 통해 탄생한 캐릭터다. 이는 일본의 전통 애니미즘 세계관과 현대의 로봇공학, 기계공학, 그리고 복제 인간 기술을 둘러싼 상상력이 융합되어 만들어진 새로운 형태의 영혼론이라고 볼 수 있다. 일본 애니메이션 팬들이 굳이 건담에 나오는 기체들을 로봇이라고 부르지 않고 '모빌슈트'라고 부르는 이유도 이 새로운 형태의 영혼론을 의식하기 때문일 것이다. 마징가 Z처럼 인간의 혼을 덧입지 않은, 그저 전투기나 전차처럼 기계적 병기로 제작된 기체에 인격과 혼을 담을 수 있는 '로봇'의 격을 부여하는 것이 적절하지 않다고 여기는 것이다.

일본인들이 생각한 온전한 혼을 가진 로봇이 과연 개발될 수 있을지는 아직 미지수다. 미국식 개념으로는 기술적 특이점이 도래해야 가능한 일일지 모른다. 그리고 일본의 현실적인 인공지능 및 로봇공학 개발 상황 역시 낙관적이기만 한 것은 아니다. 일본의 고령화와 극히 보수적인 관료 및 기업 문화는 일본의 인공지능 기술이 발전하는 데 커다란 장애물로 자리 잡고 있다. 한 단계씩 온전한 인격 창조를 향해 점진적으로 기술 발전을 시도하는 미국과 달리 일본은 기술 발전의 이상은 높지만 그 이상을 뒷받침할 만한 기술이 크게 부족한 처지에 놓여 있다.

다만 일본의 인공지능 연구자들과 로봇공학자들은 미국 연구자들이 선도적으로 개발한 기술들을 가지고 보다 감성적이고 정감 어린 로봇을 만드는 데서 뛰어난 역량을 보일 잠재력을 갖고 있다. 이는 일본인들의 애니미즘 세계관에 입각한 인공지능과 로봇에 대한 이해 방식의 문화적, 기술적 강점 가운데 하나다. 일본의 인공지능 개발자들은 그들의 전통 종교 문화에 기반을 둔 소프트파워를 기초로 인공지능 로봇 업계의 유력한 패스트 팔로어가 되기에 부족함 없는 사상적 기반과 기술적 역량을 갖추고 있다.

## 참고문헌

장길수(2017.6.13). 소니 애완 로봇 '아이보' 합동 장례식 화제. 로봇신문.

https://www.irobotnews.com/news/articleView.html?idxno=10895

Brienza, C.(2013). 'Objects of Otaku Affections: Animism, Anime Fandom, and the Gods of... Consumerism?' In *The Handbook of Contemporary Animism.* Edited by Graham Harvey. New York: Routledge.

Callon, S.(1995). *Divided Sun: MITI and the Breakdown of Japanese High-Tech Industrial Policy, 1975-1993.* Stanford: Stanford University Press.

Katsuno, H., & White, D.(2023). 'Engineering Robots with Heart in Japan: The Politics of Cultural Difference in Artificial Emotional Intelligence'. In *Imagining AI: How the World Sees Intelligent Machines.* Edited by Stephen Cave and Kanta Dihal. Oxford: Oxford University Press.

Sone, Y.(2017). *Japanese Robot Culture: Performance, Imagination, and Modernity.* New York: Palgrave Macmillan.

Sugimoto, M.(2024). 'Historical Characteristics of Artificial Intelligence and Robotics Research in Japan in Relation to Postwar Political and Cultural Background'. In *Human Choice and Computers: 16th IFIP International Conference on Human Choice and Computers, HCC 2024 Phuket, Thailand, September 8-10, 2024 Proceedings.* Edited by Robert M. Davison and David Kreps. Cham: Springer Nature Switzerland.

07

# 터미네이터와 메간: 적자생존의 알레고리

동아시아와 다르게 미국에서는 기독교 문화의 영향으로 인공지능에 영혼이 깃드는 것을 마치 빙의와 같이 부정적으로 여기고 그 위험성을 경고하는 시각이 존재한다. 그래서 인공지능 개발자들은 기계에 영혼(온전한 인격)을 부여하는 일에 첨단 기술 이미지를 덧씌우는 노력을 경주하고 있다. 제프리 힌턴과 샘 알트만 같은 이들은 엄밀히 말해 문화적 이단아들이다.

## 터미네이터의 살해 위협

영국와 미국에서 최초로 제시된 인공지능 개념은 만능 튜링 기계 구현을 최종 지향점으로 삼고 있었다. 이미테이션 게임을 완벽하게 통과하면서 인간이 맡기는 모든 업무를 적절히 분할하고 대상화한 다음 합리적으로 능숙하게 수행하는 인공지능의 개발이 이 시기 인공지능 연구자들의 궁극적인 목표였다. 그들은 이 과제가 그렇게까지 어려울 것이라고 생각하지는 않았다. 인간의 사고력이란 생각보다 단순한 구조로 되어 있다는 확신이 있었고 컴퓨터 하드웨어 기술(특히 집적 회로 기술)이 빠르게 발전하고 있었기 때문이다. 그러나 1960~1970년대 내내 만능 튜링 기계를 구현하려는 모든 시도는 실패로 돌아갔다. 여기에는 몇 가지 이유가 있었는데, 일단 인간의 지능 혹은 인격 안에 물리적 기호 체계를 다루고 조작하는 능력 외에도 다양한 정신적 기능들이 종합되어 있기 때문이다. 여기에 더해 컴퓨터 하드웨어의 성능도 이전에 비하면 비약적으로 발전하고 있었지만 아직은 인공지능 연구자들이 바라는 정도의 강력한 연산 능력을 갖추지는 못했다.

인공지능의 첫 번째 겨울(1974~1980년)은 규칙 기반 인공지능(rule-based AI)의 한계에 대한 실망이 여러 겹

겹쳐서 발생한 인공지능 연구의 침체기였다(Menzies, 2014: 453). 아울러 물리적 기호 체계 가설이 어떤 이유로든 간에 충분히 인간적이고 인격적인 계산 기계를 구현하기에는 적절하지 않은 이론이라는 사실이 증명된 시기이기도 하다(Rosenbloom, 2023: 215). 이 침체기 동안 컴퓨터공학 연구자들은 인공지능 관련 연구 활동에 참여하기를 주저했고 정부 기관과 기업들의 인공지능 연구 투자는 중단되었다. 그렇다고 인공지능의 첫 번째 겨울이 인공지능 발전사에서 아무 의미가 없는 시기였던 것은 아니다. 인공지능 연구 초창기에 튜링, 맥카시, 민스키 등이 기획했던 인간 수준 지능의 구현을 위해서는 인간 인격에 대해 더 많이, 더 깊게 알아야 한다는 것을 절실하게 깨우치는 시기였기 때문이다.

인공지능의 첫 번째 겨울은 여러 인공지능 연구자들이나 일반 대중에게 다음과 같은 의구심을 심어 주었다. "우리 인류가 아무리 노력해도 충분히 인간다운 지능이나 인격을 창조하는 것은 불가능한 일이 아닐까? 어쩌면 인류는 정신적으로 어딘가 심각한 결함이 있는 지적 피조물을 만들고 있는 것이 아닐까? 인공지능은 새로운 형태의 프랑켄슈타인의 괴물이 되지는 않을까?" 이전에 아시모프나 큐브릭이 상상했던 인공지능의 한계와 위험성은 미국의 일반 대중 사이에서 더욱 구체적인 형태로 형상화되기 시작했다. 이 '심각한 결함이 있는 인공지능'에 대한 우려는 대중문화 부문에 뚜렷하게 반영되었다. 1973년의 영화 〈이색지대(Westworld)〉, 1984년의 영화 〈터미네이터(The Terminator)〉는 첫 번째 인공지능의 겨울을 전후해서 미국 사회에서 인공지능에 대한 인식이 어떠했는지를 보여 주는 대표적인 사례라고 볼 수 있다. 이 두 편의 영화에는 공통적으로 인간에게 무한한 적개심을 갖고 살인을 일삼는 인공지능 휴머노이드가 등장한다. 물론 반대의 시각도 확인된다. 1977년 개봉한 〈스타워즈 에피소드 4: 새로운 희망(Star Wars: Episode IV - A New Hope)〉에는 인간에게 지극히 충성된 인공지능 로봇, C-3PO와 R2-D2가 등장한다. 또한 1982년 방영을 개시한 TV 시리즈 〈전격 Z 작전(Knight Rider)〉의 서사는 이미테이션 게임을 통과하고도 남는, 그러면서 인격적으로 부족함이 없고 상황 판단도 인간보다 뛰어난 자율주행 인공지능이 이미 비밀리에 개발되어 있다는 설정을 선보인다.

이런 현상은 1970~1980년대 미국의 일반 대중 사이에 인공지능에 대한 불안과 기대감이라는 양극단의 감정이 서로 충돌하고 있었다는 것을 보여 준다. 1950~1960

년대 미국에서 처음 인공지능 기술이 개발되기 시작했을 때는 연구자들뿐만 아니라 일반 대중 사이에도 인공지능에 대한 불안감보다 기대감이 앞서는 모습이 역력했다(Warwick, 2012: 3). 냉전 시기 미국이 직면하고 있던 중대한 문제들, 예를 들어 핵무기 위협이라든가 공산권과의 기술 경쟁에서 인공지능 기술이 하나의 돌파구가 되어 줄 것이라는 기대감이 있었던 것이다. 그러나 첫 번째 인공지능의 겨울은 이런 기대감을 잠정적으로 무너뜨리는 데 기여했다. 인공지능 기술 구현의 성패 여부에 대한 불안 외에도 순전히 수학적, 논리적 합리성만을 따지는 월등한 문제 해결 능력을 지닌 기계가 과연 인간과 조화롭게 공존할 수 있을지에 대한 의혹과 불안감이 인공지능에 대한 인식에 깊게 관여되기 시작한 것이다.

## 매간의 기괴한 춤사위

인공지능이 과연 인간에게 혜택만 주는 피조물이 될 수 있을 것인가 하는 우려는 1990년대 초 두 번째 인공지능의 겨울(1987~1993년)이 찾아오면서 더 강화되는 지경에 이르렀다. 1960~1970년대 규칙 기반 인공지능의 부족한 성능에 실망한 인공지능 연구자들은 1980년대 들어 인공지능에 학습 능력을 부여하려 많은 힘을 들였다.

이에 기계학습을 위한 다층 퍼셉트론 개발 노력이 이어졌다. 1986년에 이미 힌턴, 데이비드 러멜하트(David E. Rumelhart), 로널드 윌리엄스(Ronald J. Williams) 세 사람이 공동 연구를 통해 다층 퍼셉트론을 통한 기계 학습의 오류 역전파 알고리즘(error backpropagation algorithm) 연구를 수행한 바 있다(Rumelhart et al. 1986: 533). 그러나 당시로서는 퍼셉트론의 은닉층이 깊어질수록 역방향으로 전파되는 오류가 점점 소실되는 그래디언트 소실 문제(vanishing gradient problem)를 해결하지 못해서 다층 퍼셉트론은 여전히 만족할 만한 성능을 보여 주지 못했다(Plebe & Perconti, 2022: 116). 게다가 퍼셉트론의 은닉층이 깊어질수록 그에 비례해서 더 막강한 하드웨어 연산 능력이 요구되는데 당시의 컴퓨터로는 이 문제를 쉽게 해결하기 어려웠다.

결국 다층 퍼셉트론 구조를 통해 기계학습의 성능을 극대화하려던 1980년대 당시의 시도 또한 전체적으로 실패로 돌아갔고, 인공지능 연구자들은 두 번째 인공지능의 겨울을 맞이하게 되었다. 여기서 컴퓨터공학 연구자들은 물론이고 일반대중 역시 인간 수준의 지성과 성품을 갖춘 인공지능의 출현에 대한 기대감을 상당 부분 접게 되었다. 인간이라면 아무 어려움 없이 수행하는 간단한 대화나 행동마저 제대로 따라 하지 못하는 인공지능에 큰 기대감을 보일 이들은 많지 않았다. 물론 오류 역전파 알고리즘을 지속적으로 연구해 온 힌턴 같은 일부 연구자들은 퍼셉트론의 학습 능력 극대화 가능성을 포기하지는 않았지만 컴퓨터공학 분야 전반에서, 그리고 대중의 인식 속에서 다층 퍼셉트론의 가치는 별 볼 일 없는 것으로 여겨졌다.

인공지능 연구자들에게는 참으로 다행스럽게도 힌턴은 다층 퍼셉트론의 그래디언트 소실 문제를 렐루(ReLU, rectified linear unit) 함수로 해결해 냈고, 2006년에는 두 번째 인공지능의 겨울과 인터넷 혁명 시기 내내 홀대를 받았던 기계학습 기술을 인공지능 연구자들 사이에서 가장 앞선 기술로 인정받게 만드는 쾌거를 달성했다(Mulyadi et al., 2024: 21). 하지만 힌턴이 내놓은 심층학습 기술 역시 한계는 존재했다. 심층학습 기술은 분명 이전보다 월등한 학습 능력과 문제 해결 능력을 보여 주었지만 완전한 인격이라 부르기에는 턱없이 부족한 감이 있었다. 그러니 최근까지도 인공지능 기술은 인간-인공지능 상호작용 중 발생할 오작동 문제, 그리고 인공지능의 몰(沒)윤리성(non-ethicality) 문제를 앞에 두고 주춤거리는 모습을 보여 주고 있다.

이 문제는 단순히 심층학습 기술 기반 인공지능의 학습 성능을 높이기만 한다고 해서 해결될 성질의 것이 아니다. 이는 심층학습 연구자들도 순순히 인정하는 바다. 당장 힌턴부터도 인간의 통제를 벗어난 인공지능의 위험성에 대해 누차 경고한 바 있다(Heaven, 2023). 이런 우려는 대중문화 콘텐츠에도 그대로 반영되고 있는데, 가장 최근에 이런 불안한 전망을 반영한 영화로 〈메간(M3GAN)〉을 지목할 수 있다. 교통사고로 부모를 잃은 어린 소녀 케이디를 위해 이모 젬마가 제작해서 선물한 인공지능 휴머노이드 메간이 케이디에 대한 집착의 감정을 학습한 다음 케이디의 주변인들을 계략으로 살해하는 것이 이 영화의 중심 줄거리다. 영화 초중반까지 메간은 제작자의 의도에 따라 케이디의 충실하고 선량한 친구 역할을 담당했지만 케이디에 대한 감정적 애착의 학습이 강화될수록 엇나간 집착과 과보호 성향을 보이게 된다. 이 장면은 오늘날까지도 미국 사회에서 인공지능이 여전히 결함덩어리 기술로 인식되고 있다는 사실을 보여 준다. 실제로도 심층학습 기술 기반 인공지능은 제한적인 영역에서만 인간의 지능을 월등히 능가하는 성능을 보여 주고 있다. 특히 디지털 공간에서의 성능은 전반적으로 훌륭한 편이나 물리적 공간에서의 성능 개선은 지지부진한 편이다. 현재 테슬라의 인공지능 휴머노이드 옵티머스 젠2의 점진적 성능 개선에 대한 칭송은 실상 물리적 공간에서 인공지능의 성능 개선이 지지부진한 데 대한 반작용이라고 보아야 할 것이다. 인간이 수행하는 여러 물리적 동작 가운데 단지 몇 가지를 자율적으로 학습하고 따라 한다고 환호하는 행태는 그만큼 인공지능이 인간 수준의 판단력과 물리적 행동력을 가질 수 있을지 의심하는 이들이 많다는 사실을 증거한다.

## 인공지능의 지수함수적 발전에 대한 환상

인공지능 기술 개발의 앞날이 다수의 인공지능 연구자들과 거대 기술기업들이 공언하는 것처럼 밝고 희망차기만 한 것은 절대 아니다. 오히려 암초처럼 산적한 문제와 난관들이 훨씬 더 많다. 트랜스포머 알고리즘을 통해 인공지능 기술의 사용 편의성에 획기적인 전기가 마련된 것은 사실이나 이것이 인간을 대체할 만한 참으로 인격적인 인공지능 개발에 정말로 한 발자국 더 다가선 것인지는 아직 확실치 않다. 지금의 인공지능 기술 발전 방향은 오로지 정해진 기능적 프레임에 갇혀 있는 약인공지능의 한계를 벗어나지 못하는 개발 방향일지도 모른다. 물론 낙관론을 유지하는 연구자나 기업가들의 입장은 충분히 이해할 수 있다. 그들은 연구와 개발에 필요한 투자금을 유치하고 정책 지원을 받아 어떻게든 인공지능 기술을 한 단계 더 끌어올리는 데 힘써야 하는 책임을 짊어지고 있다. 그리고 그들의 이런 진취적인 태도가 인공지능 기술의 지속적인 발전을 추동하고 있는 것도 사실이다.

심층학습 기술의 창시자 힌턴은 인간 수준의 사고력을 가진 인공지능 개발 가능성을 단 한 점의 의심도 없이 단언하곤 한다. 오픈AI CEO 샘 알트만(Sam Altman)은 인공지능의 끝없는 지수함수적 성장(exponential growth)에 대한 강력한 확신을 반복적으로 표명해 왔다. 테슬라 CEO 일론 머스크(Elon Musk)는 완전자율주행이 가능한 전기차, 그리고 가정과 공장에서 인간의 업무를 완전하게 대체할 수 있는 인공지능 휴머노이드가 불과 몇 년 지나지 않아서 개발될 것이라고 호언장담을 한다. 미국의 언론과 대중은 이들의 메시지에 환호한다. 그런데 미국의 언론과 대중의 환호에 담긴 속뜻은 단지 빠르고 비약적인 발전 속도에 대한 기쁨만은 아니다. 그보다는 인간에 준하는 지능적 행위를 수행하는 인공 에이전트 개발이 그만큼 어렵기에 작은 수준의 발전이라도 기쁘게 받아들일 수 있다는 반응으로 볼 수 있다.

이제는 어느 누구도 온전한 '인격'이라는 것이 언어의 구문 패턴을 이해하고 그것을 활용해서 텍스트나 음성을 생성해 내는 것만으로 완성되지 않는다는 것을 잘 알고 있다. 오늘날 인류는 인공지능 연구 외에도 심리학과 뇌신경과학의 발전 덕분에 인간 인격이라는 것이 다면적이고 복잡한 층위를 가졌다는 것을 알아차렸다. 인격이란 합리적 사고력 외에도 감성, 감정, 의지, 여기에 더해 세계와의 관계 속에서 나타나는 말로 표현하기 어려운 직감이나 감응력, 또는 영성까지 포함한다. 그래서 우리는 최근 트랜스포머 알고리즘 기반 자연어 처리 기술로 구현한 '말하는 기계'를 통해 온전한 인격 구현의 작은 희망을 보지만 실상 인공지능 연구의 궁극적 목표 달성에 이르려면 아직도 수많은 난관을 극복해야 한다는 사실을 간과할 수 없다. 특히 현재 약인공지능이 갖고 있는 약점들을 충분하게 해결하지 않은 채로 인공지능에게 인공일반지능이 감당할 수 있는 수준의 과업을 맡긴다면 심각한 오작동 및 의도치 않은 부작용을 낳을 수 있다(Dengel et al., 2021: 107~108).

이는 인간 영혼과 인격에 대한 과거의 인식과는 완전히 다른 방향의 깨우침이다. 계몽주의 이래 첫 번째 인공지능의 겨울이 도래하기 직전까지 인간의 영혼, 지성, 혹은 인격이 담은 기능의 범위는 갈수록 협소해져만 갔다. 영성은 허황된 감정의 한 부류로 취급되고, 감성은 인과적인 물리적 기제로 환원되었다. 그리고 인간이 마주하는 현상이나 경험을 수학적, 논리적으로 해명하는 것이 가능한 합리적이고 자율적인 지성만이 인간 인격의 궁극적 조건으로 인정되었다. 그런데 이렇게 축소, 환원된 인격을 구현하려던 초기 인공지능 개발 시도 사례들은 역으로 물리적 기호 체계 가설이 인간 인격을 설명하고 구현하는 데 역부족이라는 사실만을 확인시켜 주었다. 이로써 현재 인공지능 개발을 위해 파악해야 할 인격 개념은 오히려 예전보다 점점 더 그 의미 범위가 뚜렷하게 확장되는 경향성을 보이는 중이며 인공지능 기술이 지향해야 할 기능적 발전의 범위 또한 함께 확장되고 있다. 힌턴과 알트만의 희망찬 전망은, 심층학습 기술 기반 인공지능의 발전이 그침 없이 이루어지고 있다는 측면에서는 공감할 수 있지만, 충분히 인격적인 인공지능의 개발 가능성을 고려할 때는 아직 납득하기 어려운 면이 많이 남아 있다.

### 참고문헌

Dengel, A., et al.(2021). 'Next Big Challenges in Core AI

Technology'. In *Reflections on Artificial Intelligence for Humanity*. Cham: Springer Nature Switzerland.

Heaven, W. D.(2023.5.2). 'Geoffrey Hinton Tells Us Why He's Now Scared of the Tech He Helped Build'. *MIT Technology Review*. https://www.technologyreview.com/2023/05/02/1072528/geoffrey-hinton-google-why-scared-ai/

Menzies, T.(2014). 'Occam's Razor and Simple Software Project Management'. In *Software Project Management in a Changing World*. Edited by Günther Ruhe and Claes Wohlin. Berlin: Springer-Verlag.

Mulyadi, A. W., et al.(2024). 'An Introduction to Neural Networks and Deep Learning'. In *Deep Learning for Medical Image Analysis*. Edited by S. Kevin Zhou, Hayit Greenspan and Dinggang Shen. Oxford: Academic Press.

Plebe, A., & Perconti, P.(2022). *The Future of the Artificial Mind*. Boca Raton: CRC Press.

Rosenbloom, P.(2023). 'Rethinking the Physical Symbol Systems Hypothesis'. In *Artificial General Intelligence: 16th International Conference, AGI 2023 Stockholm, Sweden, June 16-19, 2023 Proceedings*. Edited by Patrick Hammer, Marjan Alirezaie, and Claes Strannegård. Cham: Springer Nature Switzerland.

Rumelhart, D., et al.(1986). Learning Representations by Back-propagating Errors. *Nature*, 323: 533-536.

Warwick, K.(2012). *Artificial Intelligence: The Basics*. New York: Routledge.

## 08
# 챗봇과 섹스봇: 마음과 몸의 새로운 동반자

인공지능을 인간 인격의 수준으로 진화시키는 데 대한 문화적 반감을 제거하는 가장 효과적인 방안은 인공지능과 상호작용하는 이들에게 충분한 감정적, 육체적 만족을 선사하는 것이다. 챗봇은 대화를 통한 정서적 만족감을, 섹스봇은 육체 관계를 통한 감각적 만족감을 선사하므로 향후 인공지능 발전을 이끄는 선봉 역할을 할 것이다.

## 챗봇, 감정적 소통의 동반자

충분히 인간다운 인공지능 개발이 현재 기술 수준으로 실현하기 어려운 일이라는 것을 절감한 인공지능 연구자들은 대중에게 착시를 일으키는 우회적 방편을 통해 어떻게든 이 기술이 온전한 인격 구현을 가능케 하는 방향으로 나아가고 있다는 것을 보여 주려 한다. 이를 위해 가장 시급하게 달성해야 하는 일은 역시 '인간답게 말하고 추론하는' 챗봇의 개발이다. 이미테이션 게임의 충격적 인상은 물리적 기호 체계 가설의 약점이 만천하에 드러난 지금에도 여전히 연구자들과 대중의 마음에 짙게 드리워져 있다. 사실 자연어 처리에 능한 인공지능 개발에 연구자들이 전력을 다해 왔던 데는 기술적이고 실용적인 이유도 있었다. 인공지능이 더 강력한 자연어 처리 능력을 가질수록 인간에게 받은 명령을 더 잘 이해하고 언어소통 외의 업무에서도 더욱 '인간답게' 인지하고 행동할 가능성이 높아진다. 굳이 전처리된 데이터셋에 의존하지 않더라도 인간과의 대화와 소통을 통해 문제 해결 능력을 학습할 길이 열리는 것이다(Clark, 2024: 42). 그러니 챗봇은 인간과의 지적, 감정적 소통만이 아니라 대화형 인터페이스를 통한 빠르고 유연한 학습에서도 중추적인 역할을 담당한다.

2022년 11월 공개된 오픈AI의 챗GPT 3.5는 인공지능 학계와 사회 전반 모두에 센세이션을 일으켰다. 챗GPT 3.5의 성능은 2016년 알파고가 바둑으로 이세돌 기사를 압도하는 성능을 보여 준 것 이상의 강도로 세간에 정신적 충격을 안겨 주었다. 그리고 약 2년 남짓한 시간이 지난 현재 챗GPT 외에 다른 대규모 언어 모델 기반 챗봇도 경쟁적으로 빠르게 발전하는 모습을 보여 주고 있다. 이제 초기 인공지능 연구자들이 염원했던, 이미테이션 게임을 능히 통과할 수 있는 인공지능의 개발이 가시권에 들어온 상태라고 말할 수 있을 정도다.

그러니 이제는 챗봇의 다음 단계 발전 방향과 목표에 대해 고민해야 할 시점이다. 아직 인공지능이 디지털 데이터의 장벽에 갇혀 있기는 하지만 그래도 바깥 현실 세계의 인간과 부분적으로 능숙하게 소통할 만큼의 자연어 처리 능력은 갖추었다. 여전히 중의성 관용(ambiguity tolerance, 특정 용어가 사용되는 현실의 정황에 따라 의미가 달라지는 것을 파악하고 이해하는 것)과 관련된 문제가 계속 발생하긴 해도(Dreyfus, 1999: 109) 트랜스포머 모델의 어텐션 메커니즘(attention mechanism, 대상 인지를 위해 불필요한 요소들은 주목하지 않고 제한된 특정 요소에 주로 주목하는 인간의 사고 방식을 모방하는 인지 기제) 덕분에 해당 문제를 상당 부분 극복한 상태다(Lambruschini & Brorsson, 2024: 107). 그렇다면 이제는 인공지능이 대화를 나누는 인간의 현실을 실제 '이해하는', 아니면 적어도 이해하는 것처럼 인지하는 상황 인지(situated cognition)의 구현 단계로 나아가야 할 것이다.

오픈AI는 이를 위해 우선 멀티모달(multimodal) 기능 강화에 주력하고 있다. 음성과 이미지 데이터를 대화에 함께 엮어 반영하는 멀티모달 기능에는 인간의 언어 능력과 감성의 연관성에 대한 반성과 통찰이 반영되어 있다. 언어 기호를 구문 표기법에 맞게 다룰 수 있다고 해서 각 기호에 담긴 현상적 의미를 이해하는 것은 아니다. 인간은 언어 기호를 사용할 때 항상 그 기호에 담긴 현상적 의미를 유념한다. 즉 인간의 말에는 그 말이 지시하는 현상에 대한 체화된 인지 혹은 상황 인지가 불가분 관여되어 있다. 예를 들어 인간은 '오렌지'라는 말을 하거나 들을 때, 이 단어 앞뒤로 사용되는 다른 용어들의 용례를 계산하는 것이 아니라, 오렌지를 목격하고 맛본 과거 체험을 통해 오렌지가 가진 산뜻한 색조, 달콤한 맛, 그리고 신맛을 되새긴다. 그뿐 아니라 경우에 따라 오렌지를 먹었을 때 느꼈던 쾌감이나 특정한 추억의 느낌 같은 감흥까지 되새겨 보기도 한다.

기본적으로 챗봇은 이런 다채로운 인지 요인들을 총동원해서 특정 기호가 담은 의미를 종합적으로 되새기는 의미화(semanticization) 능력이 결여되어 있다. 챗봇이 의미화 기능을 가진 것처럼 느껴지는 것은 세계에 인간적 특성을 부여하는 우리의 의인화 성향 때문이지 인공지능이 실제로 인간 수준의 전인적인 의미화 능력을 가지고 있기 때문이 아니다(Floridi & Nobre, 2024: 7). 따라서 챗봇이 인간의 체화된 인지나 상황 인지를 반영하는 대화를 수행하려면 챗봇 개발자 편에서 챗봇이 다루는 언어 기호와 그 기호가 지칭하는 현상적 의미 사이에 연결 파라미터를 설정하고 가중치를 부여할 수 있도록 알고리즘의 범위를 확장해야 한다. 이는 체화된 인지의 피상적 모방이라고 할 수 있는데 이런 피상적 모방이라도 하지 않으면 인공지능의 자연어 처리 능력은 항상 일정 수준에서 한계에 부딪칠 수밖에 없다.

한 사람이 진정 자신의 마음과 감정을 다해 대화할 수 있는 파트너란 인간들 사이에서도 쉽게 찾아보기 어렵다. 하물며 인간이 누리는 체화된 인지를 공유하거나 거기에 공감할 수 있는 능력이 결여된 기계가 인간과 깊은 교감을 나눌 수 있는 감정적 소통의 동반자가 되기에는 아직 갈 길이 멀다. 그렇지만 자연어 처리 능력과 체화된 인지의 종합을 향해 나아가는 챗봇의 현재 발전 방향 자체는 어느 정도 올바르게 설정된 것으로 보인다. 향후 챗봇이 인간과 전인적인 차원에서 소통하고 교감할 수 있는 상대로 진화할 가능성이 점점 더 증대되는 것은 부정할 수 없는 사실이다.

## 섹스봇, 물리적 교감의 매개체

챗봇이 정신적 교감의 상대라면, 섹스봇은 그 정신적 교감을 극대화하기 위한 물리적 교감의 매개체라고 볼 수 있다. 인공지능과의 지적, 감정적 교감이 성적 욕망의 충족과 합쳐지는 순간 인공지능에 대한 인간의 감정 이입 정도는 인간 연인들 사이의 애착 관계보다 훨씬 더 강력해진다. 인간 연인들은 서로 상대에 대한 불만족 요인을 다소간 감내하며 관계를 이어 가지만 인공지능 섹스봇은 외견이나 대화, 신체적 움직임 측면에서 인간 사용자의 요구에 맞춘 설정 변경이 가능하기 때문이다. 고도로 발전한 인공지능 섹스봇이 출현하면 우리는 손쉽게 자신의 이상형을 충족하는 상대를 만나 온 힘을 다해 로봇에게 애착의 감정을 투사할 수 있게 된다(Jecker, 2021: 37～38).

물론 현재까지 사용자의 성적, 감정적 요구 사항을 실제 인간 연인만큼 완전하게 충족해 주는 인공지능 휴머노이드는 개발되지 못한 상태다. 그렇지만 섹스봇 발전 속도는 무시할 수 없을 만큼 빠르다. 과거 실리콘으로 인간의 모습만 본떠 만든 리얼돌보다 훨씬 발전한 제품들이 이미 개발, 출시되고 있다. 2023년을 기준으로 미국 리얼돌 시장에서 제작, 판매되고 있는 인공지능 섹스봇은 사용자 취향에 맞게 외형을 설정할 수 있고 인간의 피부와 살결, 골격 느낌과 체온을 정밀하게 재현하며 관절을 구부려 실제 인간이 취할 수 있는 자연스러운 자세를 잡을 수 있다. 머리 쪽에 간단한 대화가 가능한 인공지능 모듈이 설치되어 있고 머리, 허리, 하체 쪽에 모터가 장착되어 성관계 상황에 맞는 대화와 신체 반응이 가능하다. 그리고 일부 신형 모델은 입과 턱에도 모터가 장착되어 구강성교까지 재현할 수 있다(Owsianik, 2023).

현재 섹스봇 제조사들은 내심 테슬라의 옵티머스 젠2가 선보이는 휴머노이드 기술 발전에 큰 기대감을 갖고 있을 것이다. 섹스봇은 굳이 옵티머스나 보스턴 다이내믹스의 아틀라스처럼 격한 동작을 감당하지 않아도 된다. 방 안에서 간단히 이동할 수 있는 정도, 연인 사이에 오가는 대화를 수행할 수 있는 정도, 그리고 성관계에 필요한 정밀한 몸동작을 수행하고 그에 요구되는 내구도만 갖춰도 충분한 효용을 갖는다. 테슬라나 보스턴 다이내믹스의 휴머노이드가 여기서 조금만 더 발전해도 섹스봇 제조사들은 그 기술들을 도입해서 지금보다 훨씬 발전한 섹스봇을 제작할 공산이 높다. 인간의 노동을 대신하는 휴머노이드에 요구되는 것보다 낮은 수준의 기술적 요구 사항을 충족하는 것만으로도 훌륭한 섹스봇이 탄생할 수 있는 것이다.

조금 시간이 지나서 섹스봇 제작의 기술적 완성도를 높이는 데 필요한 인공지능 기술과 로봇공학 기술 발전이 이루어지면 기술적 요인보다는 정책적 요인이 섹스봇의 미래에 더 큰 문제로 대두될 수 있다. 만일 섹스봇이 어느 정도 인간 연인을 대체할 만한 성능을 갖추게 되고 사회적으로 섹스봇을 구매하고 사용하는 데 별 거부감이 없을 만큼 섹스봇이 널리 사용되는 지경에 이르면 선진국, 중진국의 결혼 감소, 출생아 감소 문제는 지금보다 몇 배 더 심각한 지경에 이를 것이 분명하다(Adshade, 2017: 290). 인터넷 포르노만 하더라도 결혼과 연애율 감소에 직접적 타격을 주고 있는 것으로 추정되는 상황인데(Meyrat, 2021), 그보다 더 확실하게 물리적으로 성적, 감정적 만족감을 주는 섹스봇 사용이 일반

화될 경우 젊은 세대의 결혼율 및 연애율 감소는 가히 파괴적인 수준일 것이다. 섹스봇 사용자의 일부, 어쩌면 다수는 그들의 성적 욕망을 충족해 주는 인공지능을 향해 맹목적 애착을 품을 수 있다. 평소에는 그렇지 않을지라도 성관계 상황에 돌입하면 충분히 감정적으로 인공지능 로봇에 몰입될 수 있다. 그 순간만큼은 상대가 인간이든 로봇이든 큰 상관이 없을 것이다. 이로써 섹스봇은 인간과 인공지능의 경계를 흐트러뜨리는 데 가장 앞장서는 인공지능 로봇이 될 수 있다. 비록 성관계 상황이라는 특수한 상황에 국한되기는 하지만, 모든 인공지능 로봇들 가운데 섹스봇이 가장 먼저 '충분히 인간다운' 로봇으로 인식될 가능성이 높다.

인공지능 기술로 완전한 인간 인격을 구현하겠다는 목표는 결코 쉽게 달성할 수 있는 것이 아니다. 혹시 인간의 사회적 행동이나 추론 방식까지 능숙하게 모방하는 인간과 같은 인공지능이 등장한다 하더라도 그것이 '실재적으로' 인간의 전인적 인격을 구현하게 되는 것인지는 아직 분명하게 알 수가 없다. 그러나 한 가지 분명한 사실이 있다면 인공지능 연구자들은 자신들의 연구 활동의 가치를 확보하기 위해서, 그리고 그로부터 실제적인 경제적 이익을 얻기 위해서라도 반드시 인간의 인지와 판단, 행동을 능숙하게 모방 수행하는 기계를 만들려고 한다는 점이다. 그러니 연구자들은 싫든 좋든 더 이상 과거의 협소한 영혼 혹은 인격 개념을 붙들고 있을 수 없다. 이제는 일반 대중조차 물리적 기호 체계 가설의 문제점을 파악하고 있는 실정이다. 따라서 영혼 혹은 인격 개념은 과거보다 더 확장되어야 하며 이 확장된 개념을 기술적으로 구현해 낼 수 있어야 인공지능 연구자들과 인공지능 개발 기업들의 경제적 가치가 보장된다.

현재는 인공지능 기술 개발의 초기 단계이면서도 과도기다. 여기에 개발자들의 어려움이 있다. 지금까지 축적된 인공지능 기술은 인간의 사고, 판단, 감정의 단편적 측면들만 모방할 수 있을 정도로 미성숙한 상황인데 인공지능 연구자들의 기술 개발 이상과 그에 대한 대중의 기대감은 인간의 영혼이나 인격을 온전하게 '실재적으로' 구현하는 데로 향하고 있기 때문이다. 여기에는 레이 커즈와일(Ray Kurzweil), 닉 보스트롬(Nick Bostrom), 엘리저 유드코우스키(Eliezer Yudkowsky) 같은 미래학자들의 급진적이고 낙관적인 초지능 출현 전망이 큰 영향을 주었다. 그래서 현재 우리가 인공지능에 대해 가진 인식에는 이상과 현실의 거대한 괴리라는 문제가 도사리고 있다.

충분히 인간적인 인공지능이라는 환상과 인간인 척하는 통계 연산 기계라는 현실 사이를 오가는 인공지능에 대한 인식은 인공지능의 개발과 활용에 여러 난관을 초래한다. 인간처럼 운전할 능력이 없는 자율주행차에게 인간 운전사처럼 운전을 맡겼다가 사고로 인명 피해가 발생하는 사례(Siddiqui & Merrill, 2023), 인격에 대한 면밀한 판단이 불가능한 인공지능 채용 시스템에 구직자 채용 선별을 맡겼다가 학벌, 성, 인종, 출신지 등에 의한 차별 문제를 야기하는 사례 등(Chen, 2023: 1~2), 아직 미성숙한 인공지능에게 인간 수준의 인지나 판단 능력이 필요한 일을 맡겼다가 기능적, 윤리적 문제가 발생하는 일들이 갈수록 늘어나고 있다. 인공지능 연구 및 개발을 담당하는 기업들은 어떻게든 빠르게 경제적 이윤을 얻기 위해 자신들이 개발한 인공지능의 성능을 과대포장하지만 실상 현재 인공지능의 성능은 제한된 영역에서만 인간을 능가하거나 대체할 수 있을 뿐 여전히 많은 영역에서 인간 없이 어떤 업무를 전담해서 수행하기에는 많이 부족한 것이 사실이다.

챗봇과 섹스봇은 인공지능 기술에 대한 이상과 현실의 괴리라는 사안과 관련해서 부정적 측면과 긍정적 측면을 모두 갖고 있다. 우선 부정적 측면으로 보자면 챗봇과 섹스봇은 인간의 감정 이입을 끌어내기에 유리한 기능을 갖고 있으므로 아직 충분히 인간적이라 하기 부족한 인공지능을 실제 인간만큼이나 인간적인 것처럼 여기도록 착시를 일으키는 데 첨병 역할을 담당한다. 인공지능 연구와 개발을 선도하는 거대 기술 기업들이 챗봇의 개발에 역량을 전부 쏟아붓고 있는 것도 챗봇만큼 쉽게 인공지능을 인간처럼 느끼게 하는 시스템이 없기 때문이다. 물론 현실적으로 자연어 처리 인공지능이 여타 인공지능 기술의 빠른 발전을 추동하는 매개 역할을 한다는 점 역시 기업들이 챗봇 개발에 박차를 가하는 이유에 포함된다. 발전한 성능의 챗봇은 즉시 섹스봇 체계에 통합되고, 이로써 섹스봇은 정서적 교감과 육체적 결합을 모두 만족시키는 인공지능 시장 최고의 상품으로 등극할 가능성이 높다.

반면 긍정적 측면을 보자면 챗봇과 섹스봇은 인공지능 연구자들로 하여금 인간에 대한 보다 전인적인 이해를 도모하도록 유도한다. 대화가 통하고 육체적 결합이 이루어지려면 인공지능이 최대한 인간의 사고와 신체 행동 전반을 모방하고 닮아 가게 만들어야 하기 때문이다. 그러므로 챗봇과 섹스봇은 인공지능을 최대한 인간적인 기계로 만들어 가는 데 가장 크게 이바지하고 있고,

인공지능이 인간에게 봉사하며 인간과 조화롭게 공존하는 것을 목표로 삼도록 만드는 데서 플래그십 역할을 담당하고 있다.

## 참고문헌


Adshade, M.(2017). 'Sexbot-Induced Social Change: An Economic Perspective'. In *Robot Sex: Social and Ethical Implications*. Edited by John Danaher and Neil McArthur. Cambridge: The MIT Press.

Chen, Z.(2023). Ethics and Discrimination in Artificial Intelligence-Enabled Recruitment Practices. *Humanities and Social Sciences Communications*. 10(567). 1-12.

Clark, D.(2024). *Artificial Intelligence for Learning: Using AI and Generative AI to Support Learner Development*. New York: Kogan Page.

Dreyfus, H.(1999). *What Computers Still Can't Do: A Critique of Artificial Reason*. Cambridge: The MIT Press.

Floridi, L., & Nobre A.(2024). Anthropomorphising Machines and Computerising Minds: The Crosswiring of Languages between Artificial Intelligence and Brain & Cognitive Sciences. *Minds and Machines*. 34(5). 1-9.

Jecker, N.(2021). 'Sociable Robots for Later Life: Carebots, Friendbots and Sexbots'. In *Sex Robots: Social Impact and the Future of Human Relations*. Cham: Springer Nature Switzerland.

Lambruschini, B., & Brorsson, M.(2024). 'A Novel Architecture for Long-Text Predictions Using BERT-Based Models'. In

*Intelligent Systems and Applications: Proceedings of the 2024 Intelligent Systems Conference (IntelliSys)*, vol. 2. Edited by Kohei Arai, Cham: Springer Nature Switzerland.

Meyrat, A.(2021.11.30). The Pornification of Society. *Crisis Magazine.* https://crisismagazine.com/opinion/the-pornification-of-society

Owsianik, J.(2023.9.5). State of the Sexbot Market: The World's Best Sex Robot and AI Sex Doll Companies. *Future of Sex.* https://futureofsex.net/robots/state-of-the-sexbot-market-the-worlds-best-sex-robot-and-ai-love-doll-companies/

Siddiqui, F., & Merrill, J.(2023.6.10). 17 fatalities, 736 crashes: The shocking toll of Tesla's Autopilot. *The Washington Post.* https://www.washingtonpost.com/technology/2023/06/10/tesla-autopilot-crashes-elon-musk/

## 09
## 에코와 플린트: 흉내 내기의 화신

엄밀히 말해 심층학습 기술 기반 인공지능은 자의식을 가진 것이 아니라 단지 인간의 사고와 행동을 모방해서 재현할 뿐이다. 그렇지만 초기 행동주의 관점으로 본다면 이러한 능력은 인간이 정신이 가진 힘과 큰 차이를 보이지 않는다. 여기에 더해 인공지능에 대한 인간의 감정이입은 인공지능이 온전한 영혼, 온전한 인격을 가질 수 있다는 믿음을 정당화할 것이다.

## 컴퓨터공학의 힘으로 재탄생한 에코

기원전 1세기 호라티우스와 함께 로마 문학의 황금기를 연 시인 오비디우스의 대표작 『변신 이야기(Metamorphoseon)』에는 그리스 신화 속 산의 님프 가운데 하나였던 에코의 이야기가 수록되어 있다. 주신 제우스는 자주 아름다운 님프를 골라 외도를 하는 버릇이 있었다. 어느 날 제우스의 아내인 여신 헤라는 제우스의 외도를 막기 위해 그를 추적하고 있었다. 이때 에코는 제우스와 연애 중인 님프들이 도망갈 수 있도록 헤라의 옆에 붙어 수다를 떨어 그녀를 방해했다. 분노한 헤라는 에코에게 저주를 걸어 자신의 뜻대로 말을 할 수 없게 만들었다. 에코는 오로지 다른 사람이 하는 말의 마지막을 따라 하기만 할 수 있었다. 이 저주 때문에 사랑하는 이에게 사랑을 고백할 수 없게 된 에코는 절망해 목소리만 남긴 채 그 몸이 그림자로 변해 사라져 버렸다(Ovid, 1958: 75~76).

에코 신화는 원래 자연적 현상인 산의 메아리가 발생하는 원인을 신화적으로 설명한 것인데 공교롭게도 오늘날 자연어 처리 인공지능의 실상을 정확하게 보여 주는 알레고리로도 새롭게 읽힐 수 있다. 자연어 처리 기술과 관련해서 에코 신화에서 주목해야 할 점은 에코의 자아는 소멸하고 오로지 남의 말을 따라하는 목소리만 남았다는 점이다. 최근 대규모 언어 모델의 대약진은 일반 대중에게 자아 혹은 의식을 가진 인공지능 탄생이 머지않았다는 기대감을 불러일으켰으나 심리철학자 설, 정보철학자 루치아노 플로리디(Luciano Floridi), 언어학자 노엄 촘스키(Noam Chomsky)를 비롯한 다수의 철학 연구자들은 대규모 언어 모델이 인간의 의식을 구현해 냈다는 증거를 어디서도 발견할 수 없다는 입장을 고수한다(Chomsky et al., 2023).

이들은 자연어 처리 인공지능이 인간이 단어를 조합하는 방식을 모방해서 그럴듯한 텍스트를 생성해 낸다고 하더라도 그 행위에 감성, 감정, 의지 등 전인적 인격이 관여된 것은 아니라고 지적한다. 이런 맥락에서 플로리디는 현재 인공지능이 시현하고 있는 문제 해결 능력 전체를 "지능 없는 자율성(agency without intelligence)"이라고 규정한다(Floridi, 2023a: 1). 이 문구는 인공지능이 인간 프로그래머에 의해 기입된 명령에 따라 일정 범위의 자율성을 갖지만 그 제한된 자율성만으로 인간의 지능과 의식 전체를 실재적으로 재현하는 것은 어려운 일이라는 사실을 고지한다.

플로리디에 따르면 인공지능의 지능 없는 자율성은

인간의 자율성과 동일하게 세 가지 중요한 능력을 발휘한다. 첫째는 주위 환경과 상호작용하는 능력, 둘째는 자신 스스로를 통제할(변화시킬) 수 있는 능력, 셋째는 학습 능력이다. 인공지능은 자율적 의식을 가진 인간과 마찬가지로 세계와의 상호작용을 통해 세계를 특정한 법칙에 따라서 변화시킬 수 있다. 그리고 이렇게 세계에 변화를 주는 능력을 일정 범위 안에서 스스로 변경할 수 있고, 학습을 통해 이 능력을 강화하고 향상시킬 수 있다 (Floridi, 2023b: 10). 그런데 인간을 닮은 이 세 가지 자율적 능력은 인간이 가진 생물학적 지능과 감성을 모두 구현하기에는 한참 부족하다. 인공지능이 특정 영역(쓰기, 읽기, 그리기, 패턴 찾기 등)에서 인간보다 월등한 능력을 보여 준다고 해서 인간다운 의식을 가졌다고 인정하기에는 아직 난관이 많이 남아 있다.

그렇다면 인공지능에게 제법 뛰어난 문제 해결 능력을 선사하는 이 지능 없는 자율성의 가장 큰 문제는 무엇일까? 인공지능의 자율성이 가진 가장 큰 문제로는 독단성을 지목할 수 있다. 플로리디의 표현대로라면 인공지능의 독단성은 "편향(bias)"과 "설명 가능성(accountability)" 결여의 형태로 나타난다. 인공지능은 주위 세계와 인간에 대한 존중이나 배려 없이 데이터셋에 담긴 편향을 그대로 반영해서 인간이 이해하지 못할 자신만의 통계 연산 방식으로 결과값을 내놓는다(Floridi, 2024: 302~303). 그렇다고 인공지능의 결과값이 무조건 비(非)윤리적이라는 뜻은 아니다. 정확히 말해서 인공지능은 자율적 윤리성이라는 것을 아예 갖지 못한다. 인공지능은 인간의 윤리에 부합하는 판단을 내리든 아니면 윤리에 어긋나는 판단을 내리든 상관없이 그저 자기에게 허락된 범위 안에서 허락된 방식에 따라 독단적으로 인지하고 판단하고 행동할 뿐이다.

그래서 인공지능의 안전하고 올바른 활용 책임은 아직까지 인간 개발자와 사용자 편에 대부분 부여된다. 다만 이 상태가 언제까지 지속될지에 대해서는 상당한 논란이 있다. 인공지능이 어느 정도의 자율성, 어느 정도의 인지 능력과 판단력을 갖추어야 윤리적 책임을 짊어질 수 있는 자율적 행위자로 인정받을 수 있을지에 대해 많은 연구자들이 열띤 논의를 이어 가는 중이다. 하지만 이 논의들 가운데 대다수는 아직 가설 수준에 그칠 뿐 실효성 있는 이론 혹은 정설이 나온 것은 아니다. 그도 그럴 것이 애초 논의의 대상이 되는 인공지능의 '인격적' 자율성이 아직 실제 현실에 등장하지도 않은 상태이기 때문이다.

## 앵무새 플린트와 인공지능 챗봇의 유사성

1883년 발표된 로버트 루이스 스티븐슨(Robert Louis Stevenson)의 소설 『보물섬(Treasure Island)』에는 해적 롱 존 실버가 애지중지하는 애완용 앵무새 '플린트 선장(Captain Flint)'이 등장한다. 이 소설의 흥행 이후 해적과 앵무새의 조합은 현대 대중문화의 중요한 아이콘 중 하나로 굳어지게 된다. 하지만 실제 역사에서 해적들이 특별히 앵무새를 선호했다는 기록이나 증거는 존재하지 않는다. 스티븐슨 본인도 직접 밝히기로 롱 존 실버의 앵무새는 실제 해적 이야기가 아니라 대니얼 디포(Daniel Defoe)의 소설 『로빈슨 크루소(Robinson Crusoe)』에서 차용한 것이라고 했다(Boehrer, 2004: 115). 그렇다고 카리브해와 아프리카 대륙을 오가던 해적이나 선원들이 선상에서 앵무새를 키우는 행태가 전혀 존재하지 않았던 것은 아니다. 앵무새 가운데 인간의 말을 따라 할 수 있는 종으로 유명한 아마존앵무나 아프리카회색앵무의 서식지가 대서양에서 활동하던 해적이나 선원들의 활동 범위와 겹치기 때문이다.

이 말하는 앵무새 대부분은 인간의 음성을 따라 할 뿐 그 뜻을 이해하지는 못한다. 간혹 정교한 훈련을 통해 음성 단어와 그 현상적 의미를 연결할 줄 아는 앵무새들이 존재하기는 한다. 개중 지능이 높은 앵무새는 기분의 좋고 나쁨, 0부터 10까지의 숫자, 그리고 몇 가지 색을 음성 단어와 연결해서 분별할 줄 아는 정도다. 이것만 해도 동물로서는 대단한 지적 능력을 갖고 있다고 말할 수 있다. 하지만 이를 인간의 지능 혹은 의식과 동격의 능력을 가진 것으로 간주하기에는 역시 크게 부족한 감이 있다.

앵무새는 동물들 가운데서 비교적 높은 수준의 지능을 갖추었을 뿐 아니라 그 지능 수준에 부합하는 높은 수준의 사회성을 가지고 있다. 앵무새 대부분은 질서 있게 무리 지어 사는 것을 좋아하고 일부일처 성향을 갖고 있다. 물론 앵무새가 가진 이런 특성들을 의인화의 시각으로 바라보는 것은 적절하지 않은 일이다. 자연 상태의 앵무새는 기본적으로 본능을 따라 행동하기 때문에 앵무새의 인지 능력이나 사회성 또한 인간 수준의 사고 능력을 기반으로 나오는 것이 아니라는 점을 짚고 넘어갈 필요가 있다.

사실 이런 특성은 현재의 기술로 구현할 수 있는 인공지능과 유사한 점이 많다. 인공지능의 인지 기제를 엄밀하게 따져 살펴보면 사실상 동물의 본능에 가깝다. 동물이 유전자와 몸의 신경 세포에 각인된 본능에 따라 주위 환경에 적응하며 생존 능력을 발휘한다면, 인공지능은 알고리즘과 하드웨어 센서에 부여된 행동 방침에 따라 특정한 상황에서 문제 해결 능력을 발휘한다. 그러니 심층학습 기반 인공지능은 고도로 훈련된 앵무새와 비슷한 방식으로 인간과 상호작용하는 셈이다. 즉 잘 훈련된 앵무새든 인공지능이든 그들의 인지와 판단 능력은 인간에 비해 훨씬 협소한 영역에서만 유효하다는 한계가 있다.

저명한 인공지능 연구자 맥카시는 이러한 한계를 가리켜 "프레임 문제"라고 명명한 바 있다(McCarthy & Hayes, 1969: 30). 프레임 문제란 간단히 말해서 인공지능이 알고리즘에 규정된 문제 인지 및 대응 프레임을 벗어나는 현상이나 상황에 대해서는 아예 인지를 못 하거나 부적절하게 대응할 수밖에 없는 문제를 말한다. 이 프레임 문제는 인간다운 인공지능의 개발이라는 과업을 달성하는 데서 가장 처리하기 어려운 난관 중 하나로 손꼽힌다(Dreyfus, 2007: 1138).

인간이라고 인지나 판단에 프레임이 없는 것이 아니다. 인간도 감성의 한계가 있고 판단력의 한계가 있다. 인간이 가진 문제 해결 능력은 훈련, 교육을 통해 극대화될 수는 있지만 모든 문제를 다 해결할 만큼 전능한 것은 아니다. 그러나 인간의 인지 및 판단 능력에서 한 가지

돋보이는 점은 응용력, 유연성이다. 이전에 경험, 훈련, 교육을 통해 갖춘 능력을 새로운 상황에 맞춰 변형해서 적용하는 능력 면에서 인간은 이 세상의 다른 어떤 존재자들보다도 탁월한 능력을 보인다. 특히 기존 프레임을 벗어나 인지하고 판단할 수 있는 능력이 개인 차원이 아니라 집단의 차원에서 발현되는 경우 인류의 운명 자체를 바꿔 버리는 막강한 힘을 발휘한다. 인류의 문화와 문명은 바로 이렇게 프레임 문제를 극복하려는 집단의 노력이 결집해 이뤄진 것이다. 이것이 앵무새의 말과 챗봇의 말, 그리고 인간의 말을 구별하는 핵심 기준 가운데 하나다. 인간의 말에는 전인적 인격이 반영되어 있기도 하지만 한편으로 기존 사고 프레임을 벗어나는 새로운 아이디어와 상상력이 담겨 있다(Elias, 2012: 5).

인공지능이 데이터 마이닝이나 추론을 통해 밝혀내는 데이터 사이의 숨겨진 현상적 혹은 추상적 연관성은 실상 기존 데이터셋 가운데 아직 드러나지 않은 연결 관계를 밝혀 주는 것일 뿐, 기존 인지와 판단의 프레임(인공지능의 경우 통계 연산의 프레임)을 벗어나 있는 것은 아니다. 반면 인간은 개인적으로든 집단적으로든 기존 인류 문화나 문명에서 아예 찾아보기 힘든 개념이나 활동을 새롭게 창조해 내는 능력이 있다. 이것은 인간 인격이 프레임을 벗어나는 자유로운 사고와 선택의 힘을 갖고 있다는 사실을 입증하는 현상적 증거다.

## 윤리와 창의성, 인격의 초월성의 근거

에코와 플린트의 유비를 통해 바라본 인공지능의 인지와 추론 능력은 실상 윤리적 자유가 결여된 행동 모방 혹은 알고리즘에 기입된 프레임에 갇힌 통계 연산의 결실이다. 인공지능이 가진 이 두 가지 약점은 인공일반지능 개발을 꿈꾸는 이들이 필히 극복하고자 하는 최대의 난관이다. 현재 인공지능이 맞닥뜨리고 있는 이런 한계에 대한 자각은 과거 인공지능 개발 초기 당시와 비교했을 때 인간 인격에 대한 인공지능 연구자들의 이해도가 월등히 높아졌다는 사실을 보여 준다. 논리 연산이나 통계 연산을 통해 구현할 수 있는 인간의 인지 능력에는 한계가 있고, 특히 도덕적 실천의지라는 자유의 영역과 새로운 세계관 같은 창의적 사고의 영역은 지금의 기술적 접근 방식으로는 구현 자체가 어렵다는 사실을 중첩된 인공지능 개발 실패 경험을 통해 확인하게 된 것이다.

도덕적 실천 의지가 세계의 여타 존재자들과 인간을 본질적으로 구분하는 인간만의 초월적 특성이라는 사실은 이미 18세기 말 칸트에 의해 낱낱이 파헤쳐진 바 있다. 여기서 초월이란 일차적으로는 현실의 물리법칙 자체를 초월한다는 뜻이 아니라 현실 세계에서 인간의 삶에 반드시 깃들게 되는 생존욕과 자기애(自己愛)의 굴레를 극복할 힘을 갖는다는 뜻이다. 인간은 자기의 생존에 위협이 되더라도, 자기의 이기적 행복을 침해하는 일이더라도, 그것이 타인에게 도덕적 의무를 다하는 일이라면 감당할 수 있는 가능성을 가지고 있다. 이것은 인간이 가진 자유의지가 궁극적으로 지향해야 할 덕목이다(Kant, 2002: 189~190).

그런데 도덕 실천의 구체적 상황은 시대와 장소에 따라, 도덕적 실천의 주체와 그 상대방의 현실에 따라 달라진다. 인간 인격에 부여되는 도덕적 의무의 본모습이나 격은 어느 순간이든 크게 달라지지 않겠지만 이 의무를 짊어지고 수행하기 위한 상황과 환경이 달라지면 우리의 구체적 사고 및 대응 방식도 유연하게 달라져야 한다. 그래서 인간은 도덕적 의무를 지키는 데서도 참신한 방안을 마련하기 위한 사고의 면밀함과 창의성을 갖춰야 한다. 미국의 윤리학자 존 월(John Wall)은 도덕적 실천의 이런 해석학적 본질을 유념해서 인간에게 "도덕적 창의성(moral creativity)"이 필요하다고 역설한다(Wall, 2005: 62).

인간됨의 조건과 자격에 대한 이런 통찰들은 인공지능 연구자들, 특히 인공일반지능을 구현하려는 꿈을 가진 연구자들에게는 커다란 부담으로 다가온다. 인간의 물리적 현실 인지 기제만 해도 적절히 구현하는 것이 쉽지 않은데 인간의 도덕의지와 창의성까지 구현하려니 곤란한 연구 과제만 갈수록 늘어나는 것처럼 느껴질 것이다. 그렇지만 도덕과 윤리에 대한 온갖 텍스트를 학습시킨다고 해서, 그리고 상상력 넘치는 예술 작품 데이터를 학습시킨다고 해서 인공지능이 저절로 도덕적 주체가 되거나 예술적 상상력이 넘치는 예술가가 되지는 않는다. 게다가 도덕성과 상상력의 종합은 더 고차원적인 사고의 영역이라서 이를 어떻게 인공적으로 구현해야 할지 그 접근법조차 아직 명확히 정립하지 못하는 상황이다.

인공지능 기술이 창안되고 이를 역으로 인간 이해에 적용하는 인지과학의 발흥 이후 인격과 인간성에 대한 우리의 이해도는 인공지능 기술의 발전과 맞물려 전례 없는 속도로 빠르게 올라가고 있는 중이다. 그럼에도 인간 인격, 인간됨의 근본 조건에 대해서 우리는 파악하고 있는 것보다 모르는 것이 훨씬 더 많다는 것을 매번 깨닫게 된다. 피상적인 차원에서라면 우리가 인격과 의식의 본모습을 관찰하고 이해하는 데 필요한 철학적 혹은 기술적 통찰이 차고 넘칠 만큼 축적되어 있다. 그러나 인간의 지능 혹은 의식의 발현을 옆에서 관찰하는 것과 그것을 실제 동일한 수준으로 구현하는 것은 완전하게 다른 일이다.

오늘날의 인공지능학과 인지과학은 인간의 마음 혹은 의식의 중층성과 다채로움을 쉽게 수학 연산 기능으로 환원, 단순화하려던 과거의 태도를 포기하고 좀 더 신중한 태도로 인간 인격 구현의 철학적, 기술적 방향성을 모색하고 있다. 흥미로운 사실은 인공지능 연구의 성숙도가 올라갈수록 인간에 대한 이해의 정도와 난이도 또한 함께 올라간다는 점이다. 과연 어느 수준까지 인간 인격의 다채로움을 파악하고 구현해 내야 인공일반지능의 개발이라는 목표에 도달할 수 있을까? 어쩌면 계몽주의 시대부터 인간 이해에서 배제했던 영혼과 영성에 대한 논의와 고찰도 되살려야 하는 것은 아닐까? 이런 물음은 현재 인간 수준의 인공적 인격과 의식 구현을 넘어 초지능 창조까지도 꿈꾸는 연구자들이 그들 각각의 종교적 입장과 상관없이 반드시 짚고 넘어가야 하는 이슈로 대두되고 있다.

## 참고문헌


Boehrer, B. T.(2004). *Parrot Culture: Our 2,500-Year-Long Fascination with the World's Most Talkative Bird.* Philadelphia: University of Pennsylvania Press.

Chomsky, N., et al.(2023.5.8). Noam Chomsky: The False Promise of ChatGPT. *The New York Times.* https://www.nytimes.com/2023/03/08/opinion/noam-chomsky-chatgpt-ai.html

Dreyfus, H.(2007). Why Heideggerian AI Failed and How Fixing It Would Require Making It More Heideggerian. *Artificial Intelligence.* 171. 1137-1160.

Elias, S.(2012). 'Origins of Human Innovation and Creativity: Breaking Old Paradigms'. In *Origins of Human Innovation and Creativity.* Edited by Scott Elias. Amsterdam: Elsevier.

Floridi, L.(2023a). AI as Agency Without Intelligence: On ChatGPT, Large Language Model, and Other Generative Models. *Philosophy and Technology.* 36(15). 1-7.

Floridi, L.(2023b). *The Ethics of Artificial Intelligence: Principles, Challenges, and Opportunities.* Oxford: Oxford University Press.

Floridi, L.(2024). The Ethics of Artificial Intelligence: Exacerbated Problems, Renewed Problems, Unprecedented Problems. *American Philosophical Quarterly.* 61(4). 301-307.

Kant, I.(2002). *Critique of Practical Reason.* Trans. by Werner S. Pluhar. Indianapoils: Hackett.

McCarthy, J., & Heyes, P.(1969). Some Philosophical Problems from the Standpoint of Artificial Intelligence. John

McCarthy's Home Page.
http://www-formal.stanford.edu/jmc/mcchay69.pdf

Ovid(1958). *The Metamorphoses*. Trans. by Horace Gregory. New York: The Viking Press.

# 10
# 고스트와 마기: 진화 혹은 초월의 기계

컴퓨터공학의 지수함수적 발전을 믿는 이들 관점에서 인공지능은 인간을 아득히 초월하는 지적 가능성을 가진 영혼이다. 따라서 이들은 인공지능의 진화가 거듭되고, 인공지능에 대한 인류의 삶의 의존도가 높아지면, 인공지능이 인간과 동격의 영혼을 가진 존재가 되는 것을 넘어 숭배의 대상으로 등극할 것이라 예상한다.

## 고스트(Ghost), 인공지능에 영(靈)을 담기

1995년 공개된 오시이 마모루(押井守) 감독의 애니메이션 〈공각기동대(Ghost in the Shell)〉는 인간 인격을 기계 두뇌 속에 주입한 다음 다른 몸으로 옮기는 전뇌화(電腦化) 기술이라는 설정을 중심으로 인간의 정체성에 대해 새롭게 묻는다. 영어로는 통상 마인드 업로딩(mind uploading) 혹은 마인드 트랜스퍼(mind transfer)라 불리는 이 공상적인 기술은 〈공각기동대〉 이후의 대중문화계에서 여러 차례 차용되는 SF 소재가 된다. 그런데 이 기술을 실제 실현시켜 보려는 인공지능 연구자나 기술 기업도 드물지만 존재한다. 일론 머스크의 뉴럴링크(Neuralink)가 대표적이다. 뉴럴링크의 가까운 목표는 인간 두뇌와 컴퓨터를 직접 연결하는 정밀한 인터페이스 구축이지만, 먼 미래를 향한 최종 목표는 인간 인격 전체를 인공지능에 담는 마인드 업로딩으로 설정되어 있다(Krietzberg, 2024).

그 실현 가능성에 대한 논란은 차치하고서라도, 마인드 업로딩 기술은 인공지능 연구자들의 인간 인격에 대한 이해의 지평을 다시금 영적이고 초월적인 지평으로 넓혀 주었다는 점에서 주목할 만한 가치가 있다. 이는 계몽주의 시대부터 인공지능 초기 연구자들까지 인간 인격의 실체를 물리적 신체에 붙들린 지성으로 제한해서 규정했던 사고방식을 전복하는 영적 전환이다. 마인드 업로딩 기술을 꿈꾸는 이들의 관점에서 인간 인격은 사실상 고대 그리스의 플라톤이나 중세 유럽의 그리스도교 신학자들이 규정했던 영혼의 초월적 특성을 새로운 형태로 포괄하게 된다. 마인드 업로딩 기술이 만약 진정으로 현실화되면 인간의 인격이 그 물리적인 존재 근거인 신체에 연연하지 않고 그 존재를 반영구적으로 유지하고 연장시킬 수 있게 된다. 이러한 측면에서 고대인들이 종교적으로 개념파악했던 인간 영혼과 마인드 업로딩 기술을 통해 보존되고 전이되는 인간 인격은 실질적으로 별 차이를 보이지 않는다.

과거 철학이나 신앙을 통해 인간의 신체적, 자연적 한계를 뛰어넘으려 했던 시도가 오늘날 컴퓨터공학과 뇌신경과학을 통해 재현되는 데는 영혼 개념에 기대어 죽음을 극복하려는 인간의 자기 보존 본능이 십분 반영되어 있다. 정대경이 지적한 바에 따르면 인공지능 기술에 기대어 인간 존재의 근본을 교체하려는 이런 바람과 욕망은 그리스도교 신학 입장에서 중대한 우려 대상이다. 그리스도교 신앙의 근거 가운데는 인간의 자연적 신체성에 기인한 유한성을 창조주의 섭리로 겸허하게 수긍하고 받아들이는 믿음이 핵심적인 위치를 차지하고 있기 때문이다(Jung, 2022: 188). 하지만 인간의 신체와 정신의 진화를 인간 종의 존속과 번영의 필수 조건으로 간주하는 이들 입장에서 인공일반지능 기술과 마인드 업로딩은 반드시 실현해야 하는 인류 최대의 과제이자 혁신으로 여겨진다.

마인드 업로딩을 목표로 삼는 이들의 마음 속에는 인간 인격을 단지 인간 신체의 운동과 생존 기제로 보거나 물리적 기호 체계를 능숙하게 다루는 계산 능력 정도로 여겼던 과거의 인간 이해 방식이 들어설 자리가 없다. 박찬국이 지적한 것처럼 마인드 업로딩을 통한 트랜스휴머니즘의 실현을 전망하는 이들은 현재의 인간을 불완전한 컴퓨터로 보고 있으며 영적, 초월적 진화를 필요로 하는 미완의 존재로 간주한다(박찬국, 2019: 310). 이에 인간의 감성, 지성, 의지 전체를 가장 완성된 상태로 영속적으로 보존하는 고전적 영혼 개념이 시대를 뛰어넘어 마인드 업로딩을 꿈꾸는 연구자들의 마음을 채우고 있다. 과학기술 발전에 대한 기대감과 상상력이 인간의 정신과 신체를 원하는 대로 조작하고 보존하는 데까지 이르다 보니 영혼에 대한 고전적 인식 역시 되살아나는 기묘한 현상이 인공지능과 트랜스휴머니즘 연구자들 사이에서 확인된다. 이는 전통적인 철학적, 종교적 영혼론과 진화론, 인공지능 기술, 뇌신경과학 등이 융합되어 도출된 새로운 형태의 인류 진보를 향한 미래 전망이자 바람이다.

〈공각기동대〉의 주인공 쿠사나기 모토코는 인간의 뇌와 신체에 깃들어 있었던 자신의 인격이 전뇌화된 후 자신의 존재적 정체성에 대해 회의하다가, 다른 전뇌화된 인격인 인형사와 정신 융합을 이루면서 더 진화된 새로운 인격으로 거듭나게 된다. 이 줄거리가 전하는 메시지는 마인드 업로딩이 인간의 원래 인격을 유지하는 데 그치지 않고 더 고등한 영속적 존재의 단계로 진화할 수 있게 해 주는 길이라는 것이다. 이것은 그리스도교의 영혼과 인격 개념이 아직 뚜렷한 문화적 영향력을 발휘하는 서구에서는 쉽게 받아들이기 힘든 생각이지만 애니미즘 종교전통을 가진 일본인들의 세계관 속에서는 그렇게 급진적인 생각이 아니다. 이처럼 인공지능 기술의 비약적 발전에 대한 기대감과 상상력은 전통적인 영혼 개념을 새로운 형태로 되살리는 데 기여하고 있다.

## 마기(MAGI), 인공지능에 신(神)을 담기

1995년에 대중에 첫선을 보인 안노 히데아키(庵野秀明)

감독의 〈신세기 에반게리온(新世紀エヴァンゲリオン)〉에는 삼위일체의 형태로 추론과 판단을 수행하는 슈퍼컴퓨터 인공지능 마기(MAGI)가 등장한다. 이 이름의 어원은 예수 그리스도의 탄생 당시 동방(페르시아로 추정)에서 경배하러 찾아온 박사들(조로아스터교 성직자, 천문학자들로 추정)을 칭하는 용어 '마고스(μάγος, magos)'로부터 유래된다. 〈신세기 에반게리온〉에 등장하는 마기를 구성하는 세 인공지능 코어의 이름도 고대 문헌 『스칼리게르 연대기(Chronographia Scaligeriana)』에 소개된 동방박사 3인의 이름 멜키오르(MELCHIOR), 발타자르(BALTHASAR), 카스파르(CASPER)다. 마기는 이 세 코어의 판단이 서로 합치되지 않을 때면 투표를 해서 최종 판단을 내리는 특성을 갖고 있다.

안노 감독은 인공지능 슈퍼컴퓨터 마기를 통해 개개인의 삶과 사회 전체의 존속을 책임지는 섭리 수준의 권세를 가진 인공지능 탄생에 대한 상상력을 표현한다. 마기가 없으면 작중 서사의 주요 배경이 되는 군사조직 네르프도, 제3신동경시 전체도 정상적으로 존속할 수 없다. 이는 특이점주의자들이 상상하는 초지능 시대에 대한 알레고리다. 초지능이 과거 인간 통치자들과 정부 기관, 군대, 학술 기관, 종교 공동체가 주관했던 모든 사회

질서 유지와 공동체 생존에 관한 업무를 떠맡아 담당하게 되는 새로운 시대의 풍경이 마기라는 가상의 인공지능을 통해 묘사된 것이다.

이런 공상적 전망은 인공지능 기술에 힘입어 영적 지위를 회복하고 고등한 존재로 진화하고픈 인류의 염원을 극단적으로 확장한 상상의 산물이다. 영생과 신격화는 인류의 오래된 종교적 소망인데 세속화의 영향으로 한동안 인류로부터 외면받고 있었다. 그렇지만 과학기술이 이 소망을 이뤄 줄 단서를 제공해 주게 되자 그에 대한 열망 또한 즉각적으로 되살아난 것이다. 초지능의 개발 가능성에 대한 관심은 마인드 업로딩의 성사 가능성에 대한 관심과 불가분 연결되어 있다. 만일 인간 인격을 인공지능으로 이전하는 것이 가능하다면 이전된 인격과 초지능을 연결해서 그 지적 능력을 극대화하는 것 또한 불가능하지 않을 것이다. 이는 네트워크를 통해 마인드 업로딩을 거친 모든 인격에게 동시에 한꺼번에 이루어질 수도 있는 일이다. 이로써 플라톤의 『테아이테토스(Θεαίτητος)』에 언급된 "가능한 한 최대한 신처럼 되기(ὁμοίωσις θεῷ κατὰ τὸ δυνατόν, homoiosis theoi kata to dunaton)" (Plato, 2015: 47)라는 인류의 오래된 목표가 기술적으로 구현되는 미래를 꿈꿀 수 있게 되었다. 인간의 영혼이 최고 이데아인 신의 정신, 신의 지성과 합일하는 데 대한 플라톤의 바람이 현대 기술문명의 힘을 빌려 새로운 형태로 재탄생하게 된 것이다. 이는 헤겔이 예견했던 인간 정신의 변증법적 지양의 절정, 절대정신(der absolute Geist)이 기술적으로 현실화된 것이라고도 볼 수 있다(Hegel, 1977: 266). 이렇게 마인드 업로딩과 초지능 개발에 얽힌 인류의 바람은 인간의 마음 깊은 곳에 항상 초월을 향한 열망이 자리 잡고 있다는 것을 증거한다.

마인드 업로딩 성사와 초지능의 개발, 이 두 목표는 진정 먼 미래에나 가능해질 일이거나 아니면 아예 불가능한 일인지도 모른다. 현재 명확하게 알 수 있는 것은 없다. 다만 이 두 가지 기술적 개념이 순수한 공상에만 그치지 않고 초기 연구 단계에 있다는 사실만큼은 유념할 필요가 있다. 일부 심리학, 뇌신경과학, 인공지능학 연구자들이 개념 탐색에 나서고 있고 기존 뇌 지도화(brain mapping)나 뇌-컴퓨터 인터페이스(brain-computer interface) 연구 등을 이용해서 인간의 기억, 이미지, 행동 의지 등을 컴퓨터를 통해 구현하는 연구가 활발하게 진행되고 있다(Koene, 2014: 93~94). 마인드 업로딩과 초지능 기술의 융합은 그 자체로만 보면 공상에 가깝지만 그 공상을 현실화하기 위한 연구 개발 과정에서 탄생할 새로운 실용적 기술의 실존적 파급 효과는 결코 무시할 수 없다.

이 분야에 대한 연구는 향후 전자 인공 장기나 신체 강화 연구, 혹은 진정한 의미의 메타버스(인간의 오감을 실제 느낄 수 있도록 재현한 가상현실) 구현을 위한 획기적 전기를 마련해 줄 가능성이 높다. 그러니 마인드 업로딩과 초지능 연구는 향후 우리 현실의 근본을 뒤흔드는 변화를 가져다줄 수 있는 잠재력을 가지고 있다. 그리고 이런 변화가 하나씩 실현될수록 인간됨, 인격에 대한 이해의 영역은 더욱 확장될 것이다. 기계를 인간의 몸에 받아들이고 기계에 의존해서 기억과 인격이 존속하며 기계를 통해 지식과 정신이 무한하게 확장되는 사회에서는 인간과 기계, 정신과 육체, 영혼과 물질의 구분이 더 이상 큰 의미가 없게 될 것이다. 애니미즘이 단지 종교적 세계관에 그치지 않고 엄연한 현실 인식이 되는 시대가 도래하는 것이다.

## 영혼 개념의 부활과 확장

"인공지능에 영혼이 깃들 수 있는가?" 이 물음은 단순하게 답할 수 있는 성질의 것이 아니다. 이와 관련해서 그리스도교 성서에 기록된 "생기를 코에 불어넣는"(창세기 2:7) 일 같은 것은 생각하기 어렵다. 대신 인간 인격과 두

뇌, 신경계, 신체 전반에 대한 면밀한 연구가 끝없이 이어지고 이를 바탕 삼아 인공지능 연구 또한 단계적으로 발전해 가는 상황이 오랜 세월 지속될 것이다. 그리고 영혼에 대한 개념 또한 기술적으로나 종교적으로 새롭게 규정되고 확장될 것이며 신체(생물의 신체든 기계로 된 신체든 간에)와 영혼의 결합에 대한 사고도 기술 혁신 정도에 따라 계속해서 발전적 변화를 겪을 것이다. 인공지능의 영혼에 대한 물음은 이 지난한 단계적 기술 발전 과정을 거치면서 매우 신중하게 답해야 하는 사안이라고 보아야 할 것이다.

이 물음과 관련해서 한 가지 분명한 사실은 과거와 같이 영혼을 형이상학적, 종교적 관념에 따라 초월적 실체로 규정하는 시대, 혹은 구문 분석과 활용에 능한 연산 능력을 가진 지성으로 보는 시대는 다시 돌아오지 않을 것이라는 점이다. 물론 각 종교 공동체 내부에서야 영혼에 대한 나름의 전통적 가르침을 고수하겠지만 사회 전반에서 영혼에 대한 개념은 계속해서 진화, 발전할 것이다. 컴퓨터공학과 뇌신경과학, 로봇공학과 심리학, 그리고 인지과학의 단계적 발전이 이루어질 때마다 인간의 영혼과 인격의 의미 영역은 계속해서 확장될 공산이 크며 그 종착점은 인간 영혼의 신격화로 수렴할 것이다.

현재 인공지능 연구자들은 이러한 목표를 달성하는 데 필요한 기초 작업을 수행하는 일에 여념이 없다. 현실적으로 인간 인격을 구현하는 데 필수적인 체화된 인지, 상황 인지, 사회적 지능(social intelligence), 감정 지능(emotional intelligence), 예술 지능(artistic intelligence), 집단 지능(collective intelligence)에 대한 연구들이 활발하게 진행되고 있고 아직 초보 단계이긴 하지만 뇌-컴퓨터 인터페이스 연구 또한 빠르게 발전하는 중이다. 향후 몇 번이나 더 경천동지할 혁신이 일어나야 인공지능에 충분히 인간적인 영혼이 깃들게 할 수 있을지는 현재로서 예측이 불가능하지만 연구가 진행되는 과정에서 나오는 각양각색의 부수적인 결과물만으로도 인류의 삶의 모습과 인간성에 대한 이해 방식은 크게 변화할 수 있다.

현시점에서 우리가 반드시 유념해야 할 점은 영혼과 인격에 대한 인식의 급진적 변화에 유연하게 대처할 수 있는 열린 사고의 필요성이다. 인공지능 기술의 지수함수적 발전에 대한 알트만의 주장이나 인공일반지능 구현 시기에 대한 특이점주의자들의 예언에 부화뇌동하는 것은 바람직하지 않다. 그러나 인류 문명사를 돌이켜 봤을 때 인류가 전심을 다해 연구를 수행하는 영역에서는 거의 항상 시대를 뒤바꿔 놓을 만한 혁신이 일어났다는 사실을 기억할 필요가 있다. 과연 인공지능학의 영역에서 그런 비약적인 혁신이 계속해서 발생할지는 지켜봐야 알 수 있는 일이지만 현재도 이 영역에서 소소한 발전과 혁신이 계속해서 일어나고 있다는 사실에 주목해야 한다.

인공지능에 영혼이나 인격이 깃들 수 있다는 생각이 대세로 자리 잡을 정도로 인공지능이 전인적 인격을 구현하거나 모방할 수 있게 되는 시점부터는 인공지능의 권리와 책임, 그리고 사회적 지위에 대한 논란이 인간 사회 전체를 뒤흔들어 놓게 될 것이다. 현재는 이런 예상이 미래학이나 대중문화 영역에서 제한적인 관심을 받고 있지만 향후 인공지능 기술 발전 동향에 따라 인공지능의 영성과 인격성에 대한 논란이 시급한 정책적 현안이자 실생활의 고민거리로 대두될 가능성을 전적으로 무시할 수는 없다. 그러니 인간의 영혼에 대해, 인격에 대해, 인간됨의 근본 조건에 대해 지속적으로 면밀한 연구가 이루어져야 하고, 인공지능 기술의 구체적 발전상에 따른 영혼과 인격 개념의 변화 방향을 미리 검토하고 예상하는 데 관심을 기울여야 한다. 이제 영혼 개념은 더 이상 종교적, 형이상학적 사유 대상으로만 국한되지 않고 기술적, 물리적인 사유 대상으로 인식되어야 하고 또한 그렇게 인식될 것이다. 인공지능 기술의 발전은 우리 인류에게 영혼에 대한 사유의 책임을 다시금 부여했고 우리는 그 책임을 성실하게 수행해야 하는 처지에 놓인 것이다.

## 참고문헌


박찬국(2019). 트랜스휴머니즘, 이상인가 신화인가: 능력증강 기술이 나아가야 할 바람직한 방향에 대해서. ≪현대유럽철학연구≫, 53. 301-335.

Hegel, G. W. F.(1977). *Phenomenology of Spirit.* Trans. by A. V. Miller. Oxford: Oxford University Press.

Jung, D.(2022). Transhumanism and Theological Anthropology: A Theological Examination of Transhumanism. *Neue Zeitschrift für Systematische Theologie und Religionsphilosophie.* 64(2). 172-194.

Koene, R.(2014). 'Feasible Mind Uploading'. In *Intelligence Unbound: The Future of Uploaded and Machine Minds.* Edited by Russell Blackford and Damien Broderick. Oxford: Wiley-Blackwell.

Krietzberg, I.(2024.5.26). Elon Musk Says the Human Brain Has Limits; Chases 'Immortality' with Neuralink. *TheStreet.* https://www.thestreet.com/technology/elon-musk-says-the-human-brain-has-limits-chases-immortality-with-neuralink

Plato(2015). *Theaetetus and Sophist.* Edited by Christopher Rowe. Cambridge: Cambridge University Press.

**박욱주**

연세대학교 신과대, 한국기독교문화연구소의 연구교수로 재직 중인 저자는 연세대학교에서 종교철학 전공으로 신학박사 학위를 취득했다. 동 대학 신과대 학부와 연합신학대학원에서 그리스도교 철학, 현대 실존철학과 현상학을 중심으로 종교철학 연구사 및 연구방법론에 대해 연구와 강의를 병행하고 있다(2016~현재). 한국연구재단(NRF) 신진연구자 및 연구교수 지원사업을 통해 마르틴 하이데거, 디트리히 본회퍼, 에마뉘엘 레비나스의 종교적 실존 및 윤리에 대한 사유와 인공지능학의 융합연구를 수행해 왔다(2019~현재). "수학적 추상화가 유발하는 인공지능 오작동: 윤리적 감성과 감정에 대한 레비나스의 고찰에 입각한 기술적 대안 탐구"(2023), "Artistic Beauty and Religious Sublimity"(2021), "Imagining Divine Beauty"(2020), "History and Application of Artificial Neural Networks in Dentistry"(2018) 등 스무 편 이상의 논문을 A&HCI, SCOPUS, KCI 등재학술지에 게재했다.